Mon potager au balcon

Mon potager au balcon

ALEX MITCHELL

Photographies de SARAH CUTTLE

prat éditions

L'ouvrage original a été publié par Kyle Cathie Limited,
sous le titre The edible Balcony. Growing fresh produce in the heart of the city.

Pour l'édition française :
Direction éditoriale : Anne-Laure Marie
Édition : Emmanuelle de Villedary
Coordination éditoriale : Maud Taïeb
Relecture-correction : Annabelle Biau, Carole Fossati
Couverture : Lise Brillaud

Traduction : Anne Rémond

Composition : STDI

Division de Reed Business Information - SAS au capital de 4 099 168 €
Forum 52, 52 rue Camille-Desmoulins, 92448 Issy-les-Moulineaux Cedex
Actionnaire principal : Reed Elsevier France
Président : Antoine Duarte

ISBN : 978-2-8095-0318-0

Imprimé en Chine

Sommaire

Introduction

Voici le lieu idéal pour fuir l'agitation de la ville : imaginez-vous à quelques mètres du sol, dans un jardin méditerranéen idyllique, entouré de raisins, de tomates, de citrons et de salades frais et savoureux, alors que la circulation gronde en contrebas. Même si vous vivez en plein cœur d'une ville, les possibilités pour cultiver des fruits et des légumes « hors-sol » sont infinies – depuis quelques pots sur un balcon jusqu'à un véritable verger sur un toit en terrasse. Un jardin n'est pas forcément nécessaire pour pouvoir manger tous les jours de l'année de délicieux fruits et légumes, salades et plantes aromatiques, qui plus est biologiques.

L'agitation de la ville : des ruches et des plantes potagères cohabitent joyeusement sur un toit de Londres

Qu'il s'agisse de petits balcons pittoresques ou de toits en terrasse élégants, jouissant d'une vue imprenable sur les toits, les petits espaces extérieurs ont toujours été convoités en ville. Mais aujourd'hui plus que jamais, nous souhaitons végétaliser notre environnement. Les balcons ne sont plus seulement agrémentés de fleurs ; après tout, pourquoi occuper tout l'espace avec des géraniums quand on peut cultiver des fruits, des légumes et des plantes aromatiques pour avoir à portée de main de délicieux produits frais et biologiques ?

Les balcons sont idéaux pour cultiver un potager, car ils sont souvent très ensoleillés et inaccessibles aux ravageurs, comme les limaces et les escargots. Beaucoup de plantes potagères et d'arbres fruitiers poussent facilement en pot et ont également le mérite d'être jolis : citons par exemple les luxuriants figuiers, le thym citron argenté, ou encore les haricots beurre grimpants et les laitues aux feuilles dentelées. Vous pouvez cueillir des fraises quand elles sont mûres à point, et non sélectionnées pour supporter plusieurs jours de transport en

camion. Vous pouvez manger des petits pois et des carottes avant que leurs sucres ne se transforment en amidon, ou des tomates gorgées de soleil. Vous pouvez aussi choisir des variétés insolites, que l'on trouve difficilement en magasin : des tomates zébrées, des haricots Borlotti mouchetés ou de l'oseille ronde acidulée.

Que vous souhaitiez avoir quelques herbes aromatiques ou récolter des brassées entières de carottes et de pommes de terre, un balcon est le lieu idéal pour cela. Votre production ne suffira peut-être pas à nourrir votre famille, mais vous bénéficierez de produits savoureux, fraîchement cueillis et vous saurez exactement où et comment ils ont été cultivés. Une salade parcourt en moyenne 2 250 km avant d'arriver dans votre assiette ; en la cultivant sur votre balcon, vous réduisez ce trajet à quelques mètres.

Les citadins du monde entier, dont certains sont jeunes et n'ont jamais eu de potager, goûtent au plaisir de récolter et de manger leurs propres fruits et légumes. Ils prennent également conscience que de grandes surfaces ne sont pas forcément nécessaires et s'étonnent de tout ce qu'ils peuvent cultiver sur le rebord d'une fenêtre.

La surface d'un balcon étant limitée, leurs propriétaires redoublent de créativité pour exploiter chaque mètre carré disponible. Que vous aspiriez à un peu d'exotisme, à un jardin aromatique sophistiqué ou à une récolte de fruits et légumes aussi abondante que possible, un balcon est une scène de théâtre qui attend d'être décorée. Les jardiniers urbains mettent au point des solutions ingénieuses : des salades dans des bouteilles, des plantes aromatiques dans des range-chaussures suspendus… Inventivité, personnalisation et expression sont les maîtres mots pour cette nouvelle génération de jardiniers : des lopins de terre ne sont pas nécessaires, quelques pots suffisent.

Et pourquoi se limiter aux fruits et aux légumes ? Une ruche prend moins de place que vous ne le pensez ; alors que diriez-vous de produire votre propre miel à quelques mètres au-dessus du sol ?

Qu'il s'agisse de goyaviers à Bombay, d'une issue de secours insolite plantée d'herbes aromatiques et de salades à Manhattan ou d'olives mûrissant en plein cœur de Londres, ce livre vous propose aussi bien des sources d'inspiration que des conseils pratiques pour créer un joli jardin fleuri en hauteur. Vous y découvrirez comment installer facilement, le temps d'un week-end, un potager sur votre balcon, ou encore comment personnaliser vos plantations avec des objets de récupération ou recyclés. Vous apprendrez à fabriquer un mur de salades ou à cultiver des fruits exotiques auxquels vous n'auriez même pas songé. Ce livre fourmille d'idées pour vous aider à transformer votre balcon en un jardin suspendu, plein de promesses gastronomiques.

Pourquoi faire un potager sur votre balcon ?

Votre balcon, si petit soit-il, est une touche de verdure précieuse dans la jungle urbaine bétonnée. Néanmoins, ses bienfaits sont bien plus qu'esthétiques : en cultivant des plantes et des fleurs comestibles sur votre balcon, non seulement vous en faites un havre relaxant et disposez d'ingrédients pour vos repas, mais cela profite également à l'environnement.

C'est joli

Un balcon nu est une vue déprimante et une occasion manquée, se limitant souvent à un carré stérile d'acier et de verre. Mais si vous l'agrémentez de plantes, ce lieu s'animera et les lignes dures de la ville s'adouciront. Vous pourrez alors faire une pause et souffler dans cet écrin de verdure.

C'est meilleur

En cultivant des fruits et légumes sur votre balcon, vous profiterez de produits d'une extrême fraîcheur : carottes sucrées, fraises fondantes, salades tendres... Vous pouvez aussi faire pousser des variétés peu courantes dans le commerce, comme des haricots violets ou des tomates cerises jaunes. Avec un minimum d'efforts, vous pouvez devenir autosuffisant en plantes aromatiques : fini le temps où vous laissiez pourrir des sachets de persil au fond de votre réfrigérateur !

Cela réduit le trajet des fruits et légumes

C'est une évidence, mais quelle satisfaction de ramasser une salade à la porte de sa cuisine en sachant où et comment elle a été cultivée ! De plus,

un potager permet de se familiariser avec la saisonnalité des fruits et légumes et les variétés de nos régions. Quand vous aurez mangé les haricots verts de votre production, ces bâtonnets verts emballés sous cellophane, qui ont parcouru des milliers de kilomètres, ne vous tenteront plus jamais.

Cela rafraîchit l'air

Les agglomérations retiennent la chaleur ; c'est pourquoi les températures ambiantes en ville sont en moyenne supérieures de 3 degrés à celles de la campagne. Avec le réchauffement climatique, les températures urbaines ne feront qu'augmenter. Les plantations sur les toits et, dans une certaine mesure, sur les balcons protègent les immeubles de la chaleur du soleil jusqu'à 20 %, permettant ainsi de réduire les besoins en climatisation coûteux et énergivores. À Osaka, au Japon, des patates douces sont cultivées de manière hydroponique (c'est-à-dire dans une solution nutritive et non dans le sol) sur le toit d'un immeuble de bureaux et il s'avère que cette méthode de culture protège considérablement de la chaleur du soleil, en plus de fournir une récolte intéressante. À Singapour, sur le toit de l'hôpital Changi, on trouve des cultures hydroponiques de tomates : la production s'élève à 200 kg par an et cela réduit la chaleur sur le toit. Dans les pays froids, les plantations sur les toitures ont l'effet inverse : elles limitent la perte de chaleur et permettent de diminuer les coûts de chauffage.

Cela soulage les égouts

Quand il pleut dans une ville, l'eau ruisselle jusque dans les égouts où, dans le cas de Paris ou de Londres, elle se mêle aux eaux usées avant de rejoindre les centres de traitement. Ce système était efficace lors de sa construction il y a plusieurs années, mais depuis, énormément de routes, d'immeubles, de trottoirs et de parkings ont été construits ; de ce fait, de plus grands volumes d'eaux pluviales se retrouvent dans les égouts, au lieu d'être absorbés par le sol. Une forte averse peut saturer le réseau pluvial d'une ville et l'obliger à rejeter le mélange eaux pluviales/eaux usées dans une rivière ou dans la mer.

Votre potager urbain joue le rôle d'une éponge qui retient l'eau de pluie un certain temps, avant qu'elle ne s'évacue vers les égouts. Un délai de 20 minutes suffit à empêcher la saturation du réseau ; ainsi, la végétalisation de votre toit ou balcon peut s'avérer très précieuse. Mais vous pouvez adopter une démarche encore plus utile en récupérant l'eau de pluie pour arroser vos plantes.

Cela réduit la pollution

Les plantations sur un toit ou un balcon améliorent la qualité de l'air en absorbant les émissions de dioxyde de carbone et en rejetant de l'oxygène. Une toiture végétale atténue également les nuisances sonores de la ville.

Ce qu'il faut savoir avant de créer votre balcon potager

Un jardin en hauteur est un environnement particulier, qui présente des avantages comme des inconvénients. Le soleil peut briller toute la journée et les nuisibles tels que les limaces et les escargots auront du mal à atteindre vos plantes, mais le vent peut être un désagrément. Voici quelques conseils pour vous assurer que votre jardin suspendu sera sûr, tranquille et productif.

Est-ce assez solide ?

Les balcons étant généralement conçus pour supporter le poids des personnes, quelques pots ne poseront pas de problème. Cependant, si vous avez des inquiétudes, préférez des pots légers (comme un sac en plastique caché dans un panier en osier), et placez-les à proximité de l'immeuble ou sur des appuis porteurs. De même, les toits en terrasse sont conçus pour supporter de lourdes charges et devraient résister sans problème à un nombre de pots raisonnable. Toutefois, si vous avez l'intention d'y placer de très gros pots, des carrés potagers ou de recouvrir de terre toute la surface du toit, demandez d'abord conseil à un paysagiste ou à un ingénieur structure. Bien sûr, si vous envisagez de créer une terrasse de toit « non officielle » (en aménageant un toit plat qui n'a pas été prévu pour recevoir des personnes et des plantes), il vous faudra obtenir avant tout un permis de construire et demander à un ingénieur structure si le toit a besoin d'être renforcé.

Les zones porteuses correspondent en général aux murs extérieurs et aux murs de soutènement internes ; c'est là que vous devez placer vos pots lourds, vos pièces d'eau et vos sièges. Si votre balcon est construit en porte-à-faux, évitez de mettre beaucoup de gros pots au même endroit et répartissez la charge sur tout le balcon, en plaçant les objets les plus lourds à proximité du mur.

De la terre, du vent et du soleil

Est-ce au soleil ? À l'ombre ? Votre chapeau s'envolera-t-il ? Vous devez réfléchir à ces détails lorsque vous envisagez de créer votre jardin suspendu. Mais vous pouvez déjà avoir une certitude : un jardin en hauteur est généralement beaucoup plus exposé qu'un jardin au sol, donc vous devrez sans doute compter avec le vent.

Deux solutions s'offrent à vous. La première consiste à installer des plantes qui supportent bien le vent ; beaucoup d'entre elles sont originaires des régions littorales (par exemple, des haies de graminées et de bambous, ou des haies de buis ou *d'Elaeagnus* × *ebbingei* qui seront denses et persistantes). Citons, parmi les plantes comestibles résistantes au vent, les herbes aromatiques rustiques (romarin, laurier...), les plantes basses (salades, fraisiers...), les arbres fruitiers résistants (olivier...) ou certains légumes (carottes, pommes de terre ou haricots nains).

La seconde solution est d'installer un brise-vent. Un treillage, des canisses en bambou ou en roseau sont parfaits, car ils laissent légèrement passer le vent, plutôt que de former une barrière qui l'attise et l'invite à s'engouffrer sur votre balcon. Bien sûr, un treillis peut servir de support à des plantes grimpantes et donne en outre de la hauteur à un jardin. Les canisses en bambou ou en roseau sont moins adaptées pour les plantes grimpantes, mais sont discrètes, offrent un très bon rapport qualité/prix et peuvent facilement être attachées à des poteaux

avec des colliers de serrage en plastique. Cependant, ces panneaux ayant tendance à barrer la vue, vous devrez peut-être faire un compromis sur la hauteur si vous voulez profiter de la vue sur la ligne des toits. Par ailleurs, avant d'installer des brise-vent, déterminez d'où viennent les vents dominants ; ce serait dommage de vous priver de la vue inutilement. Pour cela, rien de plus simple : pendant plusieurs jours, restez quelques minutes sur votre balcon et appréciez dans quelle direction souffle le vent.

Le vent aura aussi un impact sur vos pots. Plus le pot est léger, moins vous alourdirez votre balcon ou votre toit en terrasse et moins vous aurez de mal à le transporter jusque-là. Mais ces pots légers sont susceptibles de traverser une terrasse de toit un jour de grand vent, tout comme le mobilier si vous ne le choisissez pas judicieusement. Si votre balcon ou votre toit est venteux, fixez les pots légers à la balustrade ou à des crochets de fixation, ou optez pour des contenants plus lourds, en terre cuite par exemple. Les gros bacs rectangulaires sont les pots qui résistent le mieux au vent.

L'un des meilleurs atouts des espaces en hauteur est leur ensoleillement. Tous ceux qui ont un petit jardin de ville savent combien c'est frustrant de voir son potager et ses fleurs (sans parler des transats) privés de soleil par des immeubles ou des arbres. En hauteur, ce risque est bien moindre. Bien sûr, le contraire peut aussi se produire : trop de soleil, des plantes desséchées et la nécessité d'arroser sans cesse. Mais sous nos climats, cela ne sera sans doute pas un gros problème ; de plus, vous pouvez facilement attacher des pare-soleil à votre balustrade ou installer un voile d'ombrage si votre balcon se transforme réellement en Sahara. Si vous souhaitez une solution plus

Les récupérateurs d'eau sont d'une aide précieuse sur un balcon

permanente, vous pouvez opter pour un store banne enroulable. Ne négligez pas les coins de votre balcon qui vous semblent inintéressants. Les recoins ou les zones qui sont à l'ombre toute la journée peuvent non seulement servir de lieu de rangement pour les pots, le terreau, le barbecue et les transats, mais sont aussi le lieu idéal pour installer un lombricomposteur. C'est un excellent moyen de transformer tous vos déchets de cuisine et de jardin en un compost riche, avec lequel vous pourrez amender vos plantes dans une sorte de cycle de vie perpétuel. Avant de positionner votre salon de jardin, demandez-vous où le soleil donne le matin, le midi et le soir. Vous imaginez-vous y prendre l'apéritif, vous relaxer dans un fauteuil ou siroter une boisson fraîche après une dure journée ?

De l'eau, encore de l'eau !

Tous les toits, y compris ceux qui sont plats, sont construits en légère pente, afin que l'eau de pluie s'écoule dans les rigoles ou les égouts. Vérifiez le sens de la pente sur votre toit et tenez-en compte lorsque vous placez vos pots, puisque l'eau qui s'en échappera lors de l'arrosage devra s'écouler jusqu'aux égouts sans rencontrer d'obstacle (un carré potager ou un bac par exemple).

Tous les toits ont une membrane d'étanchéité, qui ne doit absolument pas être dégradée lors de l'aménagement de votre terrasse, au risque que l'eau de pluie s'infiltre dans le bâtiment. Soyez par conséquent vigilant lorsque vous installez des lampes ou fixez les pieds d'une pergola ou d'une balustrade.

La question de l'économie de l'eau de pluie est devenue centrale ces derniers temps et les citoyens sont sans cesse invités à réduire les volumes d'eau rejetés dans les égouts. Récupérer l'eau de pluie sur un jardin de toit est une excellente idée, car vous aurez de l'eau à portée de main pour arroser vos plantes – ce qui, chose appréciable, vous évitera des allers-retours entre la cuisine et le toit, les bras chargés d'eau, ou vous fera économiser l'installation coûteuse d'un robinet extérieur.

« Si j'étais vous, je ne m'appuierais pas là »

Prenez vos jambes à votre cou si jamais quelqu'un vous dit cela sur un jardin de toit ! Il va de soi que tout balcon ou toit en terrasse doit être clos par une solide barrière. Ainsi, assurez-vous, avant de créer votre potager suspendu, que la balustrade est fermement fixée. Puisqu'elle sera peut-être amenée à être recouverte de plantes ou de brise-vent, vous devez vérifier qu'elle peut supporter ce poids supplémentaire. Si vous disposez des jardinières ou des sièges sur le pourtour de votre balcon, veillez à ce que les enfants ne puissent pas grimper dessus.

Comment aménager et optimiser votre espace

Flâner sous une tonnelle de haricots grimpants. S'allonger sur un transat, caché derrière des framboisiers et des courges orange… En plus d'être productif, votre balcon peut devenir un paradis privé où vous laisserez libre cours à votre imagination. Voici des conseils pour que votre jardin soit aussi joli que savoureux, du choix du revêtement de sol à celui des suspensions de tomates et de capucines.

Préservez votre intimité

Si vous vivez dans les étages d'un immeuble, vous êtes loin des voitures, des piétons et des limaces gloutonnes, mais d'autres personnes vivent très certainement à proximité. Toutefois, avant de courir acheter un brise-vue, envisagez plutôt d'installer des plantes. Par exemple, un laurier tige pourrait barrer la vue toute l'année à des voisins curieux ; persistants, le buis ou le romarin peuvent former un écran bas et dense ; de grands bambous et de hautes graminées, qui se plaisent en pot, filtreront en prime le vent ; quant à une vigne grimpant le long d'une pergola, elle vous apportera non seulement de l'intimité, mais aussi une ombre agréablement diffuse. D'autres plantes persistantes comestibles, comme le romarin ou la sauge, peuvent servir de brise-vue, sans parler des divers buissons et plantes grimpantes non comestibles.

Si votre espace est suffisamment grand, vous pouvez aussi le subdiviser avec des treillis : un coin pour manger, un autre pour bronzer ou encore un espace de jeu pour les enfants. Si votre toit est en longueur, vous pouvez créer différentes « pièces » avec des brise-vue disposés en quinconce, de sorte que le bout de la terrasse ne soit pas visible et que ces zigzags recèlent des surprises. Une bonne astuce aussi d'un point de vue potager, car ces cloisons peuvent servir de support à des plantes grimpantes (haricots, concombres, courges, kiwis…), à des tomates, à des arbres fruitiers palissés ou à des arbustes à petits fruits (mûres, framboises…). De plus, la division de l'espace permet de protéger votre jardin du vent et de créer des zones d'ombre, toujours bienvenues dans un jardin très ensoleillé.

Le balcon, une extension de votre appartement

Les balcons, avec leur plancher, leurs trois murs et souvent leur plafond, ressemblent davantage aux pièces intérieures qu'aux jardins traditionnels. Leur aménagement peut être de ce fait très plaisant, et beaucoup moins intimidant pour le jardinier débutant, qui rechignerait à l'idée d'avoir une grande surface de pelouse et de parterres. Si vous considérez votre balcon comme une pièce supplémentaire, vous aurez envie de le décorer à votre goût et de tester des couleurs et des matériaux.

Le revêtement de sol

De nombreux balcons et toits en terrasse modernes ont un revêtement en bois, une option élégante, relativement légère et peu coûteuse. En outre, ce matériau corrige l'inégalité du sol et vous pouvez dissimuler en dessous des câbles électriques ou un système d'arrosage. Vérifiez l'origine du bois que vous achetez, car la majorité du bois exotique ne

Les plantes persistantes et comestibles, comme le laurier et le romarin, préserveront votre intimité tout au long de l'année

provient pas de forêts gérées durablement. Un revêtement en bois est facile à découper selon la forme de votre balcon ou terrasse. D'un point de vue esthétique, vous pouvez modifier la perception de l'espace en disposant les planches de différentes façons. S'il est étroit et en longueur, posez les planches en diagonale ; ainsi, le regard ne s'enfuira pas vers l'extrémité de la terrasse et votre balcon semblera moins étroit. De même, vous pouvez alterner le sens des planches afin d'éviter un effet monotone.

Si vous modifiez le revêtement de votre balcon ou terrasse, veillez toujours à ce que l'eau de pluie puisse s'écouler facilement. Il faut éviter que l'eau stagne sur un balcon ou un toit, car, avec le temps, cela peut détériorer l'étanchéité du sol. Par conséquent, tout revêtement en bois doit être posé sur des solives en bois, afin que l'eau puisse passer au travers des fentes du revêtement et s'écouler normalement dans les gouttières. Lors de la pose des solives, assurez-vous qu'elles ne retiennent pas non plus l'eau.

Si la pose du revêtement vous semble trop compliquée et que vous voulez une solution originale et un brin décalée, pourquoi ne pas opter pour du gazon synthétique ? Simple à dérouler et à découper, une fois posé, le gazon ne demande qu'à être balayé de temps à autre.

Un jardin suspendu

Vous essayez de caser des pots dans le moindre recoin ? N'oubliez pas que vous disposez aussi de beaucoup d'espace de culture en hauteur. Les corbeilles à suspendre peuvent accueillir une quantité surprenante de fruits et légumes délicieux : fraisiers, salades, tomates... Il y a eu récemment de très jolies trouvailles dans le domaine des potagers verticaux, comme les grilles modulables remplies de laine de roche, dans lesquelles les plantes sont fertilisées et arrosées de manière hydroponique (voir p. 146). Ces potagers verticaux peuvent s'adosser contre un mur et accueillir toutes sortes d'herbes aromatiques et de salades.

Si cela est trop technologique pour vous, ne sous-estimez pas l'intérêt d'une simple étagère : vous pouvez doubler votre espace de culture en disposant sur la bordure de votre balcon ou terrasse des bancs en bois, qui, outre leur élégance, apporteront judicieusement de l'ombre aux plantes qui aiment moins le soleil, comme la menthe, la ciboulette, l'oseille ou le persil. La balustrade du balcon elle-même est un support parfait et prêt à l'emploi pour les plantes grimpantes, pour tuteurer des tomates ou palisser des arbres fruitiers.

Une arche ou une pergola, point central d'un jardin, offrent une ombre agréablement diffuse et beaucoup d'espace pour les plantes grimpantes, comme la vigne, les kiwis, les mange-tout grimpants, les haricots d'Espagne et les courges aux couleurs et aux formes fabuleuses. Si vous avez un petit balcon, pourquoi ne pas fabriquer une pergola originale en faisant courir de la corde en hauteur depuis la balustrade jusqu'au mur, afin d'inviter les plantes à pousser au-dessus de votre tête ? Si vous disposez de plus d'espace, songez à installer une arche en bois ou en métal (veillez à bien la fixer afin qu'elle ne soit pas emportée au moindre coup de vent).

La disposition des planches en diagonale sur ce balcon minuscule le fait paraître plus grand

Quel pot choisir ?

Il n'y a pas de règle pour le choix des contenants : que vous optiez pour un pêle-mêle de pots de différentes tailles, en terre cuite ou en plastique, ou pour d'élégants bacs en métal, c'est vous qui choisissez le style de votre jardin. Cependant, vous devez prendre en compte quelques éléments pour que vos cultures soient réussies.

Plus le pot est grand, moins la plante demandera de soins. Ainsi, l'arrosage et la fertilisation seront moins fréquents. Les petits pots et les jardinières doivent être arrosés tous les jours en plein été, alors que les grands bacs peuvent résister pendant au moins trois jours. Considérez vos grands pots comme des petits parterres : par exemple, faites-y cohabiter un arbre avec des fleurs et des plantes potagères basses (salades, fraisiers, herbes aromatiques...). Pour plus de souplesse, utilisez des supports à roulettes ; vous pourrez déplacer vos pots pour occuper des recoins ou faire profiter les plantes au maximum du soleil.

Vous pouvez opter pour de très jolis pots de fleurs assortis à votre balcon ou terrasse, mais vous pouvez aussi trouver facilement des pots bon marché dans les jardineries et magasins de bricolage ; une poubelle galvanisée peut être aussi élégante que des bacs sur mesure. Mais le maître mot est l'uniformité. Trop de matériaux différents (du plastique noir par-ci, de la terre cuite par-là) peuvent perturber le regard et diviser l'espace, alors que des pots uniquement en bois n'auront pas cet effet. Une gamme de pots en métal galvanisé est un choix idéal : légers, modernes et discrets, ils existent dans de multiples formes et tailles. Un autre bon matériau est la fibre de verre, qui est légère, élégante et moderne. Bien qu'ils ne soient pas les plus légers, les pots en terre cuite sont un classique. Les bacs rectangulaires sont idéaux pour les balcons, car vous pouvez les disposer sur leur pourtour, ce qui permet d'optimiser l'espace et de multiplier les cultures.

Pour un résultat instantané, optez pour des pots en plastique souple : bon marché, légers et assez grands pour n'importe quelle plante, leurs couleurs sont si vives qu'ils égaient l'endroit le plus triste. Il existe également beaucoup de pots légers spécialement conçus pour la culture des fruits et légumes, dont beaucoup sont en plastique fin ou en tissu et peuvent être pliés en fin de saison. Vivement colorés ou ornés de cache-pots en osier, ils sont suffisamment grands pour être très utiles.

Tout pot qui dispose d'un réservoir intégré est parfait pour le jardinier urbain, car cela diminue réellement les arrosages. Ces pots à réserve d'eau conviennent particulièrement bien aux plantes qui sont grandes et gourmandes, comme les tomates, les aubergines, les courges et les poivrons. Si vous ne voulez pas en acheter un, vous pouvez facilement le fabriquer (voir p. 71).

Le vent étant un élément à prendre en compte sur un balcon, les pots à fond large sont plus

adaptés, car ils risquent moins d'être renversés. Les pots évasés classiques ne sont pas idéaux, mais vous pouvez les fixer à un support. Les bacs rectangulaires résistent bien au vent et permettent d'optimiser l'espace : ils peuvent être alignés le long du balcon, recevoir beaucoup de plantes et former une bordure uniforme.

Les carrés potagers constituent également une bonne option si vous souhaitez un jardin d'apparence plus traditionnelle. Plus larges, ils permettent de répartir la charge et, s'ils sont fabriqués dans un matériau léger, le seul poids important viendra de la terre. Quand vous les positionnez, veillez à ce que l'eau qui s'en écoulera puisse atteindre facilement la gouttière.

Les sacs de culture

Les sacs de culture conviennent à la culture des plantes potagères, car ils retiennent très bien l'humidité et leur terreau est déjà fertilisé. Ils sont si légers et si minces qu'ils peuvent être accrochés au mur ; ainsi, même sur un balcon étroit, on peut installer quelques sacs et avoir encore de la place pour une table et des chaises.

Vous pouvez cultiver des pommes de terre en sacs de culture si vous mettez les sacs à la verticale et découpez le haut. Percez quelques trous de drainage au fond du sac, puis enlevez la moitié du terreau et gardez-le pour plus tard. Plantez trois pommes de terre précoces, en enfonçant leur sommet à environ 15 cm sous la surface. Enroulez le sac jusqu'au niveau du terreau. Au fur et à mesure que les plants poussent, recouvrez-les de terreau et déroulez petit à petit le sac. Arrosez fréquemment. Récoltez les pommes de terre quand les plants fleurissent (environ 12 semaines après la plantation).

PLANTES LES PLUS ADAPTÉES AUX SACS

- Tomates
- Poivrons
- Aubergines
- Concombres
- Piments
- Laitues
- Roquette
- Basilic
- Radis
- Haricots mange-tout et d'Espagne
- Courgettes
- Courges
- Pois
- Blettes

Un potager en jardinière

Vous pouvez cultiver une quantité impressionnante de plantes potagères dans une balconnière, à condition de bien les choisir. Optez pour un contenant aussi grand et profond que possible, afin d'avoir un plus large choix de plantes et de réduire l'arrosage. Bien sûr, si vous êtes en hauteur, veillez à bien fixer les jardinières (vous trouverez facilement des systèmes de fixation en jardinerie), ou choisissez des balconnières qui se posent « à cheval » sur le mur du balcon et ne nécessitent pas d'autres fixations. Si vous craignez qu'elles tombent, placez-les à l'intérieur de votre balustrade.

PLANTES LES PLUS ADAPTÉES AUX JARDINIÈRES

- Herbes aromatiques (jardinière de taille moyenne pour le basilic, la ciboulette, la coriandre et le persil ; jardinière plus grande et plus profonde pour le romarin, le thym, la sauge et l'origan)
- Salades et jeunes pousses
- Radis
- Oignons nouveaux
- Haricots mange-tout nains
- Tomates à port déterminé ou à port retombant (pas de variétés à tuteurer)
- Fraisiers
- Blettes
- Fleurs comestibles (par exemple, capucines, violettes, pensées sauvages ou soucis)
- Piments
- Pousses de pois (voir p. 39)

PLANTES LES PLUS ADAPTÉES AUX SUSPENSIONS

- Tomates à port retombant, telles que Tumbling Tom (1 plant par panier)
- Fraisiers (3 plants par panier)
- Salades (laitue, roquette et autres)
- Haricots d'Espagne (semez 3 ou 4 graines et vous obtiendrez une cascade de fleurs et de haricots)
- Oignons nouveaux
- Pousses de pois (voir p. 39)
- Herbes aromatiques : coriandre, ciboulette, persil, thym, origan, cerfeuil, estragon et basilic

Un jardin vertical

Dans un potager de balcon, votre espace de culture ne se limite pas à l'horizontal ; l'un des aspects les plus intéressants est l'exploitation des murs et balustrades à votre disposition. Fixez des treillis au mur pour y faire grimper des plantes et faites pousser sur votre balustrade des pois, des mange-tout grimpants, des haricots d'Espagne ou des courges colorées.

De nouveaux produits de jardin vertical apparaissent sans cesse : citons par exemple les tubes végétaux en plastique à accrocher au mur et dans lesquels vous pouvez planter salades, herbes aromatiques, fleurs, ou même tomates à port retombant, pois et fraisiers. Un mur végétal, constitué de poches en feutre, peut avoir un effet réellement sensationnel et produire une quantité surprenante de fruits et légumes. Ces poches sont parfois suffisamment profondes pour accueillir aubergines et poivrons.

Les suspensions

Les corbeilles à suspendre apportent non seulement de la vie et de la couleur à un balcon, mais peuvent aussi produire une récolte surprenante de fruits et légumes. La dureté des lignes d'un balcon peut être adoucie par une rangée de suspensions accrochées au « plafond », au mur de votre immeuble ou à la balustrade. Comme pour les balconnières, vous devez vérifier que les corbeilles sont bien fixées (une suspension de tomates trop lourde pourrait causer de sérieux dégâts si elle tombait de plusieurs mètres de haut). Par conséquent, suspendez les corbeilles à l'intérieur de votre balustrade de manière à ce qu'elles tombent sur votre balcon.

Les paniers en rotin ou les kits à suspension que l'on trouve traditionnellement en jardinerie (une armature métallique, tapissée de mousse, de coco, de sisal ou de jute) ont l'avantage d'être pratiques et solides, d'avoir un système de fixation et donc d'être faciles à installer. Soyez assuré également qu'ils supporteront le poids de vos plantes. Cependant, vous pouvez les trouver ordinaires et vieillots. Ainsi, n'hésitez pas à personnaliser vos suspensions en utilisant de la grosse ficelle ou des chaînettes ; vous pouvez suspendre un pot léger en y perçant des trous pour le drainage et pour la fixation. Conserves colorées, passoires ou gros récipients en plastique peuvent être beaucoup plus originaux, élégants et personnalisés que les modèles sur mesure.

Par ailleurs, il faut que vous gardiez en tête que, les suspensions étant assez petites, elles s'assécheront beaucoup plus vite que les plus grands pots et devront donc être souvent arrosées. Vous pouvez atténuer ce phénomène en incorporant au terreau, avant le semis ou la plantation, une poignée de grains d'eau (ils absorbent l'eau quand vous arrosez, puis la libèrent peu à peu dans le terreau). Vous devrez toutefois arroser les suspensions tous les jours ou tous les deux jours par temps chaud.

Des pots sur plusieurs niveaux

Il existe une autre astuce pour doubler immédiatement votre espace de plantation : installez une étagère sur le bord de votre balcon ou terrasse de toit (des bancs bas ou des caissettes de fruits sont idéaux). Cela vous permet de cultiver au niveau du sol des plantes supportant l'ombre (par exemple, salades, persil ou menthe) et, au-dessus, des plantes qui aiment le soleil, comme les tomates, les courgettes et les haricots. Vous pouvez obtenir le même effet avec un escabeau ou une étagère porte-pots installés contre un mur.

Le terreau et la fertilisation

L'un des avantages du jardin de balcon, c'est que vous n'aurez pas besoin de tondeuse ! Mais vous devez vous munir de quelques outils avant de transformer votre balcon en un écrin foisonnant.

Quel terreau utiliser ?

Si vous plantez pour la première fois, vous devez acheter du terreau. Vous le choisirez en fonction de ce que vous voulez planter : les légumes, fruits et fleurs annuels se satisfont du terreau universel, biologique et sans tourbe ; les plantes qui aiment une terre acide, comme les myrtilliers, ont besoin de terre de bruyère, tandis que les arbres fruitiers et les buissons, qui vivront plusieurs années, préfèrent un terreau avec engrais incorporé à libération progressive. À moins d'une indication spécifique, toutes les plantes proposées dans ce livre se plairont dans du terreau universel et, pour tous les projets proposés, un terreau biologique, sans tourbe, est recommandé.

Faut-il renouveler le terreau en permanence ?

Heureusement que non, sinon cela vous éreinterait de devoir sans arrêt monter de nouveaux sacs de terreau jusqu'à votre appartement ; de plus, cette méthode de jardinage ne serait ni durable ni économique.

Les cultures gourmandes (tomates, pommes de terre, poivrons, aubergines, courgettes et courges) ont besoin d'un terreau frais et fertile pour bien se développer, alors que d'autres (carottes, pois, haricots, salades et herbes aromatiques) réclament moins de nutriments. Si vous plantez des plantes gourmandes dans un terreau frais, vous pourrez donc le réutiliser plus tard pour des cultures moins voraces. Pour ce faire, tamisez le vieux terreau à travers vos doigts et enlevez autant de racines que possible, car elles peuvent gêner l'écoulement de l'eau et le bon développement des nouvelles racines. Jetez les anciennes racines dans votre lombricomposteur ou votre composteur. Ajoutez à ce vieux terreau un tiers de terreau universel frais et, si vous avez un lombricomposteur, quelques poignées de ce compost maison frais. Une poignée d'engrais à libération lente revitalisera aussi un vieux terreau.

Des vers sur le toit

Mesurant environ 60 cm², les lombricomposteurs sont idéaux pour les balcons et extrêmement utiles : les vers se nourrissent des déchets de cuisine, des vieilles racines et des déchets de jardin. Vous pouvez aussi revitaliser votre vieux terreau en lui ajoutant quelques poignées de lombricompost hautement nutritif et l'utiliser pour de nouvelles cultures. Les vers produisent également un « thé » très riche pour vos plantes (voir p. 114).

La fertilisation et le drainage

Outre les plants, les graines, le terreau et les pots, vous devez vous équiper d'autres outils pour cultiver votre balcon potager.

La plupart des plantes potagères ont besoin d'engrais. Complet, l'engrais liquide à base d'algues, naturel et d'origine durable, est parfait. Vous pouvez aussi utiliser un engrais pour tomates. Une bouteille devrait vous suffire pour toute une saison et apportera à vos plantes tous les nutriments nécessaires.

Pour les herbes aromatiques et les arbres fruitiers, incorporez quelques poignées de sable ou de gravillons au terreau afin d'améliorer le drainage.

Ajoutez à la liste un transplantoir, un sécateur, de la ficelle de jardin, des tuteurs en bambou et vous serez prêt pour créer votre balcon potager !

FILIPPO
OLIO

Un balcon potager sans souci

Beaucoup d'entre nous rêvent de manger leurs propres salades, tomates et herbes aromatiques, mais craignent de manquer de temps et d'énergie pour les cultiver. L'idée de retrouver des plantes desséchées après un week-end d'absence, ou de fruits et de légumes qui ne mûriront jamais vient immédiatement à l'esprit. Mais si vous choisissez les cultures appropriées et suivez quelques conseils simples, votre balcon potager peut devenir luxuriant sans trop d'efforts, même si vous débutez. Par ailleurs, mettre en place ce jardin nécessite peu de temps ; en un week-end, vous pouvez transformer cet espace nu et gris en un merveilleux écrin de jeunes pousses et de fruits.

Plants ou semis ?

Si vous n'avez pas assez de temps ou de place pour faire vous-même vos semis, achetez des plants en jardinerie ou sur Internet et créez votre potager de balcon en un week-end. Dès la réception de vos plants, replantez-les simplement dans du terreau. Il se peut que vous ayez des difficultés à faire votre choix parmi le nombre croissant de variétés existantes de graines et de plants.

La couche de drainage

On dépose traditionnellement un lit de tessons de terre cuite au fond du pot pour faciliter le drainage. À défaut, vous pouvez utiliser des morceaux de polystyrène (par exemple, les plateaux dans lesquels sont présentés les plants en jardinerie). Le polystyrène a l'avantage d'être très léger, ce qui est parfait pour un jardin de balcon.

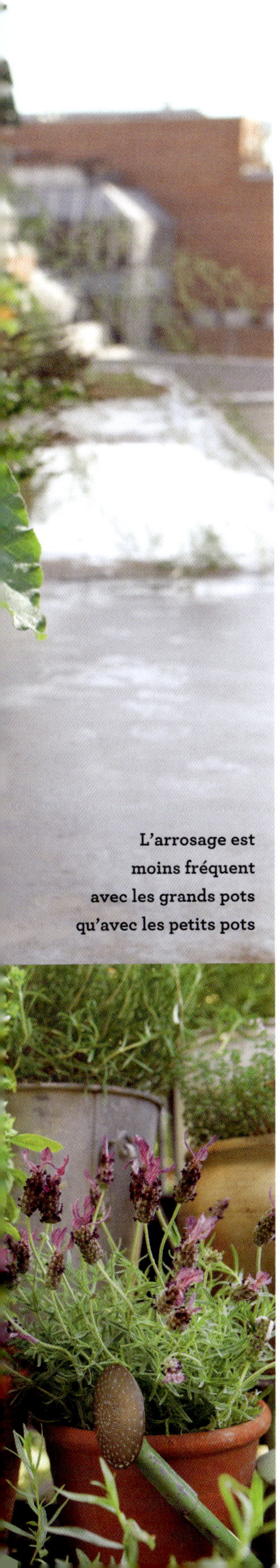

L'arrosage est moins fréquent avec les grands pots qu'avec les petits pots

Des astuces pour jardiner en toute simplicité

Préférez les gros pots

Simplifiez-vous la vie en évitant de multiplier les petits pots sur votre balcon, car ils sécheront en un clin d'œil. Préférez-leur de grands contenants légers, en plastique ou en métal galvanisé par exemple. Les bacs rectangulaires sont idéaux, car ils retiennent mieux l'humidité que les pots ronds et s'insèrent très bien autour du balcon, tout en permettant aux pois et aux haricots de grimper le long de la balustrade. Les bacs vendus pour la culture des fruits et légumes sont parfaits pour le jardinier pressé. Légers et faciles à installer, ils peuvent être de couleur vive et recouverts d'osier. Les baquets en plastique sont également très bien : on les trouve facilement, ils sont bon marché, légers et leurs couleurs vives égaieront l'espace le plus morne. Mais gardez à l'esprit que, même si le contenant est léger, le terreau humide ne l'est pas : assurez-vous que votre balcon peut supporter la charge.

Les pots à réserve d'eau

C'est inévitable, les pots sèchent plus rapidement que la terre de jardin et, en hauteur, le vent accélère ce phénomène. Cependant, il existe des solutions : achetez des pots avec un réservoir intégré, ou fabriquez-en un vous-même (voir p. 71). Ces pots peuvent satisfaire pendant plusieurs jours les plantes les plus gourmandes en eau, comme les courgettes et les tomates.

L'arrosage automatique

Si vous avez facilement accès à une source d'eau, un simple système d'arrosage automatique est d'une aide précieuse.
La version la plus basique est sans doute un programmateur installé sur votre robinet extérieur, relié à un tuyau en plastique muni de goutteurs que vous positionnez où vous le souhaitez. Réglez le programmateur pour que l'arrosage se déclenche cinq à dix minutes deux fois par jour et vos plantes n'auront quasiment pas besoin de vous.

Le paillage

Une autre solution pour réduire l'arrosage consiste à pailler le terreau lors de la plantation. Il suffit d'étendre une fine couche de fumier bien décomposé, de compost de jardin, de gravillons, de galets ou d'écorces, afin que l'eau ne s'évapore pas trop vite. Vous pouvez aussi utiliser du papier déchiqueté, du papier journal, des morceaux de plastique ou des déchets de tonte d'herbe. Les gravillons sont parfaits sur un balcon ou un toit, puisqu'ils sont élégants et ne seront pas balayés par le vent. L'idéal est de bien mouiller le terreau avant de pailler.

Les grains d'eau

Autre astuce pour l'arrosage des plus petits pots, comme les suspensions : incorporer au terreau, lors de la plantation, une poignée de grains ou de cristaux d'eau. Ils gonflent en absorbant l'eau, puis la libèrent lentement dans le terreau.

Les 10 plantes les plus faciles à cultiver

Si vous avez peu de temps et que vous débutez, les fruits, légumes et herbes qui suivent constituent un excellent point de départ. Ils ont besoin d'assez peu de soins et sont vraiment plus savoureux que ceux du commerce. Vous pouvez les semer, mais pour plus de simplicité, achetez des plants en motte en jardinerie ou sur Internet, repiquez-les directement dans leur pot définitif et laissez-les s'épanouir.

Les tomates

Quoi qu'on en dise, on a toujours le temps de cultiver des tomates et l'été ne serait pas parfait sans leur parfum. Placez à leurs côtés un pot de basilic : une tomate cerise enroulée dans une feuille de basilic ravira vos papilles. Impressionnez vos amis avec la tomate pourpre Noire de Crimée ou la zébrée Tigerella.

Depuis les tomates cerises si sucrées que vous les croqueriez à même le pied jusqu'aux grosses variétés beefsteak, les tomates se parent de multiples formes et couleurs. Achetez des plants à partir de la mi-mai et plantez-les directement en place. Ou semez des graines dès février-mars, à environ ½ cm de profondeur dans des pots de 9 cm. Placez-les sur un rebord de fenêtre ensoleillé et tournez-les régulièrement, afin que les plantules ne penchent pas vers le soleil. Une fois tout risque de gelée passé, placez-les à l'extérieur dans un endroit ensoleillé et abrité du vent (les tomates ont besoin de chaleur pour bien mûrir). Amendez-les tous les quinze jours à partir de la floraison avec un engrais naturel riche en potasse (engrais d'algues liquide ou engrais pour tomates).

3 méthodes faciles

Il existe trois types de tomates (avec pour chacun de nombreuses variétés), pour lesquels les méthodes de culture sont légèrement différentes. Votre choix se fera en fonction du pot dans lequel vous souhaitez cultiver vos tomates.

Les tomates à port déterminé n'ont pas besoin de support et feront au maximum une trentaine de centimètres ; elles sont plus adaptées à une grande jardinière ou à un grand pot (un pied pour un pot de 30 cm de diamètre, ou deux pour une grande jardinière). L'avantage de ces tomates, c'est qu'il n'y a pas besoin de les tuteurer, ni de pincer les gourmands ; l'inconvénient, c'est qu'elles mûrissent toutes en même temps. Envisagez comme variétés Sub Arctic, Maskotka, Garden Pearl ou Prince Borghèse (en forme de petite prune).

Les variétés à port retombant sont peut-être plus adaptées aux suspensions. Parmi les variétés intéressantes, citons la prolifique Sweet Baby et Tumbling Tom.

Les variétés à tuteurer sont plus grandes, ont besoin d'un support et poussent mieux dans de grands pots ou en sacs de culture. Les tomates mûrissent progressivement de l'été jusqu'à l'automne. La tomate cerise orange et sucrée Sungold, la classique tomate cerise rouge Délice du jardinier, la Ferline et la pourpre Noire de Crimée sont des variétés intéressantes.

Un pot de 30 cm de diamètre peut accueillir jusqu'à quatre pieds tuteurés sur un tipi de bambous.

Les sacs de culture sont une solution facile (l'idéal est d'utiliser un sac à double fond). Achetez des tuteurs en métal, ou servez-vous de votre balustrade ou d'un treillis comme support. Pincez les gourmands qui se forment à l'aisselle de la tige principale et des feuilles, afin que la plante consacre toute son énergie à la formation des fruits. Quand six grappes de fruits sont formées (en général à la fin de l'été), pincez l'extrémité de la plante juste au-dessus d'une feuille pour qu'ils aient le temps de mûrir avant le rafraîchissement des températures.

astuce

Pour la culture des tomates en sac de culture, ne découpez pas un côté entier du sac comme l'indiquent les instructions. Faites plutôt trois incisions en croix, repliez les rabats par le dessous et plantez vos tomates. Ainsi, l'humidité s'évaporera moins et vos arrosages seront moins fréquents.

Les variétés précoces
et demi-précoces
sont plus adaptées
à la culture en pot

Les pommes de terre

Il y a quelque chose de magique à déverser un seau de terreau sur le sol pour découvrir un trésor de pommes de terre, puis à déguster immédiatement sa récolte avec du beurre fondu et du persil du jardin. Les pommes de terre cultivées en hauteur dans un pot, un grand seau ou un sac sont épargnées par les limaces. Elles ne présentent généralement pas de défaut et leur peau est luisante ; passez-les juste sous l'eau pour ôter la terre.

Les feuilles des pommes de terre apportent une touche de verdure bienvenue au printemps et peuvent rapidement transformer un balcon en une jungle verdoyante. Cultivez des variétés précoces ou semi-précoces, telles Charlotte, Corne de Gatte, Manon, Chérie ou Manosque, afin d'avoir des pommes de terre nouvelles à la saveur terreuse et fraîche. Vous constaterez réellement la différence.

Facile à réaliser

DES POMMES DE TERRE EN POT

À FAIRE EN AVRIL-MAI

Il vous faut :

- 1 pot d'au moins 30 cm de diamètre : baquet en caoutchouc, grand seau, pot ou sac en plastique (opaque). Évitez les pots hauts et étroits, car les plants ont besoin de la lumière du soleil pour développer leurs tubercules. Si vous optez pour un sac, enroulez-le au moment de la plantation, puis déroulez-le au fur et à mesure que vous butterez les plants
- Des tessons de terre cuite ou des morceaux de polystyrène
- Du terreau universel
- Des pommes de terre de semence (plantez 2 tubercules par pot de 30 cm de diamètre ; adaptez la quantité à la taille de votre contenant)

Comment faire ?

Vérifiez avant tout que votre contenant ait des trous de drainage, puis garnissez le fond de tessons. Posez les pommes de terre, germes vers le haut, sur une couche de 20 cm de terreau, puis enfouissez-les sous 20 cm de terreau. Arrosez copieusement. Si des gelées sont annoncées, protégez le pot en le recouvrant de journaux.

Le terreau doit rester humide. Au bout de quelques semaines, les jeunes pousses apparaîtront à la surface. Quand elles feront 10 cm, recouvrez-les de terreau. Répétez cette opération chaque fois que les plants poussent de 10 cm, jusqu'à ce qu'ils atteignent le haut du pot. Arrosez-les souvent et, tous les quinze jours, amendez-les avec un engrais pour tomates ou un engrais d'algues liquide naturel. Lorsque les pommes de terre fleurissent, les tubercules sont prêts, mais avant de déverser le pot, creusez délicatement la terre pour vous en assurer. Chaque variété mûrit à des périodes différentes : généralement, les variétés précoces peuvent se ramasser au bout de 10 semaines environ et les semi-précoces après 13 semaines. Si vous creusez avec précaution, vous pourrez récolter quelques pommes de terre et laisser les autres continuer leur croissance.

Les haricots mange-tout

Un tipi de haricots mange-tout grimpants (ou à rames), avec leurs jolies fleurs violettes ou blanches, leurs feuilles en forme de cœur et leurs tiges volubiles, est du plus bel effet sur un balcon. Ou pourquoi ne pas les laisser grimper sur votre balustrade, pour vous isoler de vos voisins et créer un mur luxuriant de haricots ?

Les mange-touts sont très prolifiques, surtout les variétés grimpantes, et sont délicieux frais quand ils se cassent net. Ils se plaisent bien en pot, à condition de bénéficier d'une situation ensoleillée et abritée et d'avoir un pot d'au moins 20 cm de profondeur (une suspension n'est pas assez profonde). Si vous optez pour une variété naine, aucun support ne sera nécessaire (sauf peut-être quelques petits tuteurs) ; la variété à rames, elle, grimpera le long d'un tipi, d'un treillis ou d'une balustrade.

Semez les haricots à environ 5 cm de profondeur à la mi-mai. Pour récolter des cosses jusqu'au milieu de l'automne, réalisez plusieurs semis : soit, si vous avez suffisamment d'espace, dans un nouveau pot lorsque les plantules du pot précédent forment leurs premières vraies feuilles, soit une nouvelle poignée de graines tous les quinze jours jusqu'à la fin de l'été. Semez dans des godets à l'intérieur et transplantez les plants lorsqu'ils font environ 10 cm, ou directement en place dans des pots plus grands. Vous pouvez obtenir un résultat très joli en mélangeant des graines de haricots verts, pourpres et beurre. Citons comme bonnes variétés grimpantes Princesse, Cobra, les beurre Neckargold et les pourpres Blauhilde. Pour les variétés naines, essayez Fin Gourmet, Oxinel, Purple Teepee (violets) ou les beurre De Rocquencourt.

Espacez les haricots nains de 15 cm et les variétés grimpantes d'environ 10 cm autour de la base d'un tipi ou de tout autre support. Placez-les dans un endroit vraiment chaud et abrité ; arrosez-les régulièrement et, dès la floraison, amendez-les toutes les semaines avec un engrais liquide riche en potasse, comme des algues ou du thé de compost. Si vos haricots sont infestés de pucerons, chassez-les avec un jet d'eau ou un insecticide à base de savon noir. Ramassez les haricots avant que les grains ne commencent à saillir sous la cosse. Des récoltes régulières encouragent les pieds à produire davantage de haricots.

Récoltez régulièrement les haricots afin que les pieds produisent davantage de cosses

Les salades

Les salades et les jeunes pousses sont peut-être les plantes les plus simples à cultiver sur un balcon. Même avec un petit espace, vous devriez récolter des salades fraîches et tendres tout l'été. Elles se plaisent très bien en pot, que ce soit dans un grand pot, une jardinière ou une suspension. Comme les salades ont des racines peu profondes, cela ne les gêne pas d'avoir un espace racinaire restreint. Leur croissance étant rapide, vous pouvez enchaîner plusieurs récoltes par an. Les salades, avec leurs multiples couleurs et textures, sont aussi décoratives qu'une potée de fleurs. Rien n'est plus satisfaisant que de couper quelques feuilles fraîches pour les mettre dans un sandwich ou pour préparer une rapide salade verte. Par ailleurs, sur un balcon, vous ne devriez pas avoir de souci avec les limaces et les escargots.

Il n'y a aucune raison d'arrêter la culture des salades à la fin de l'été : de nombreuses variétés sont suffisamment résistantes pour pousser l'hiver. Cependant, l'été, vous devez absolument arroser régulièrement les laitues plantées dans de petits pots, car toute laitue qui manque d'eau montera et deviendra amère. De ce fait, veillez bien à ce que les suspensions et les jardinières ne s'assèchent pas.

Plantez cinq laitues dans un pot de 30 cm de diamètre. Particulièrement adaptées à la culture en pot, les variétés à couper orneront vos pots d'un irrésistible frou-frou. Associez la Lollo Rossa aux feuilles rouges à la Lollo Bionda vert blond ou à des feuilles de chêne, avec leurs jolies feuilles découpées. Les laitues romaines, petites et croquantes, comme Little Gem, Ballon et Tom Pouce, sont aussi délicieuses, leur forme allongée étant plus adaptée à une jardinière ou à un pot.

La façon la plus simple de cultiver les laitues est de les semer dans de petits pots (à l'intérieur du début à la fin du printemps, à l'extérieur pendant l'été), puis de les repiquer quand les plantules ont six feuilles. Pour les récolter, coupez des feuilles sur le pourtour de la plante, en laissant le centre intact. Ainsi, la laitue continuera à pousser. Vous pourrez récolter des feuilles sur une même laitue pendant plusieurs semaines.

Les jeunes pousses sont idéales pour les petits pots, car vous pouvez les cultiver les unes à côté des autres et avoir jusqu'à trois récoltes avant de devoir semer de nouvelles graines. Il suffit de semer densément des graines de laitue et de les récolter quand les feuilles sont encore petites. Parsemez un mélange de graines de laitue à la surface de votre pot et recouvrez-les à peine de terreau, avant de bien arroser. Quand les plantules apparaissent, éclaircissez en les espaçant de 5 cm. Vous pouvez commencer à récolter les feuilles quand elles atteignent une taille qui vous convient, en coupant juste au-dessus de la plus jeune feuille. Les plants repartiront deux ou trois fois.

Les salades d'hiver

Le chou Mizuna est une plante d'origine asiatique, aux feuilles dentelées et particulièrement résistante. Semez-la à la fin de l'été pour récolter des feuilles de la fin de l'automne jusqu'à la fin du printemps. Les jeunes feuilles rappellent la roquette et peuvent être mangées en salade, tandis que vous pouvez faire revenir à la poêle les plus grandes feuilles. Mibuna est une plante similaire, aux feuilles moins dentelées.

LES MEILLEURES VARIÉTÉS DE LAITUE À SEMER

De mars jusqu'à début août

- Feuille de chêne rouge et blonde
- Lollo Bionda
- Lollo Rossa
- Salad Bowl rouge et verte
- Laitues romaines : Little Gem, Ballon ou Tom Pouce
- Verde d'Inverno
- Feuille de chêne

De début août jusqu'à début novembre

- Magenta
- Merveille des Quatre Saisons
- Val d'Orge
- Focéa
- Prolific
- Reine des Glaces

La moutarde est merveilleuse pendant l'hiver, car les couleurs et les feuilles dentelées de cette plante très résistante égaient le balcon et l'assiette. Pour vos salades, préférez les jeunes pousses aux grandes feuilles qui ont une saveur très piquante. Toutefois, si vous vous retrouvez avec de grandes feuilles, hachez-les finement et ajoutez-les à une salade de bœuf thaïe épicée ou faites-les revenir pour atténuer leur goût. Red Giant et Metis donnent une jolie couleur violacée aux pots pendant l'hiver et le printemps, tandis que Golden Streaks a des feuilles légères et délicates, qui, jeunes, ont le goût de pommes de terre nouvelles. Semez-les à la fin de l'été pour les récolter pendant l'hiver et jusqu'à la fin du printemps.

Le pourpier d'hiver donne du croquant aux salades hivernales et printanières, avec ses tiges et ses feuilles douces et succulentes. Ses fleurs forment de jolies petites étoiles blanches. Semez clair les minuscules graines directement à la fin de l'été. Le pourpier d'hiver se ressème facilement, donc si vous ne désherbez pas avec acharnement, il devrait réapparaître chaque année.

D'autres salades à cultiver en pot

La salade ne se résume pas aux laitues ; tout un monde d'alternatives délicieuses et croquantes s'ouvre à vous.

Les radis sont si faciles à cultiver (et si rapides à pousser) que ce serait vraiment dommage de ne pas les inviter sur votre balcon potager. Un mois seulement peut s'écouler entre le semis et le moment où vous les dégustez. Les radis apportent leur croquant et leur piquant à une salade verte. Semez une pincée de graines toutes les deux semaines afin de récolter des radis tout l'été. Cheriette est une variété classique, ronde et rouge, tandis que le joli Radis de 18 jours, allongé au bout blanc, est parfait tranché en rondelles. Coloré en mélange vous donnera des radis multicolores (jaunes, violets, rouges...).

Semez les graines de radis à environ 1 cm de profondeur, en les espaçant de 3 cm, dans n'importe quel pot (ils se plairont en jardinière, dans une suspension ainsi que dans des pots plus grands).

La roquette est un must à la saveur piquante, dont vous pouvez manger les feuilles toute l'année. Semez clair les graines directement en place et recouvrez-les légèrement de terreau. La roquette sauvage, avec ses feuilles en forme d'épée et dentelées, se sème de mars à septembre, alors que vous sèmerez la roquette cultivée, rustique et au goût plus doux, de mars à août. Les deux variétés supportent le soleil ou la mi-ombre et se plaisent en pot (toutefois, une suspension n'est pas assez profonde pour la roquette sauvage). Arrosez fréquemment la roquette, sinon elle montera en graines. Si elle pousse trop vite, étêtez-la juste au-dessus de la plus jeune feuille ; elle repoussera plusieurs fois avant que vous ayez besoin de semer de nouvelles graines.

Les épinards ont des usages extrêmement variés : vous pouvez manger les jeunes pousses crues en salade, ou les feuilles plus développées à la vapeur. Ils pousseront dans n'importe quel pot, même si les petits pots sont plus adaptés à la culture des jeunes pousses. Semez clair les graines, à 3 cm de profondeur, de mars à juin, puis en août et septembre pour des récoltes tout au long de l'année. Éclaircissez les plantules à 7 cm environ.

Essayez la variété Bordeaux, avec ses étonnantes tiges violettes. Pendant l'été, les épinards préfèrent l'ombre, alors que les cultures d'hiver gagnent à être le plus possible au soleil. Arrosez-les fréquemment, car les épinards détestent la sécheresse, et récoltez-les en les cueillant feuille à feuille sur le pourtour.

Les blettes et les poirées, dont les jeunes pousses se mangent crues, sont une alternative intéressante aux épinards. Les blettes à couper sont idéales pour le débutant, car elles produisent des feuilles durant des mois (essayez la variété Lucullus). Les variétés Bright Lights présentent de très jolies tiges multicolores. Semez-les et cultivez-les comme les épinards.

L'oseille ronde donne aux salades une délicieuse saveur acidulée et citronnée. Semez les graines directement dans les jardinières, les suspensions ou les pots, du printemps jusqu'à début août ; éclaircissez ensuite les plantules à 5 cm.

La mâche forme une rosette à la saveur douce, qui est particulièrement intéressante pendant les mois froids, puisque les semis d'automne peuvent être récoltés au début du printemps. Semez clair, à 1 cm de profondeur, directement en pot ou en jardinière à partir du printemps jusqu'à l'automne. Éclaircissez les plantules à environ 10 cm.

Les pousses de pois, dont le goût évoque les petits pois frais, sont succulentes en salade. Leurs vrilles sont également du plus bel effet dans l'assiette. Semez les graines de pois normalement (voir p. 88), mais en les espaçant seulement de 1 cm. Vous devriez pouvoir couper chaque plant deux ou trois fois.

Les graines germées de tournesol sont rafraîchissantes, croustillantes et ont une saveur de noix. En moins d'une semaine, vous pouvez savourer le résultat de vos semis. Achetez un sachet de graines séchées dans une épicerie et semez-les densément, à ½ cm de profondeur. Récoltez les plantules quand elles mesurent environ 1 cm et avant que leurs secondes feuilles (plutôt amères) n'apparaissent. Vous pouvez faire germer des graines de tournesol à l'extérieur de début mai jusqu'à début novembre ; le reste de l'année, cultivez-les à l'intérieur, sur un rebord de fenêtre ensoleillé.

Les fraises

Nous avons tous été déçus par des fraises que nous nous réjouissions d'avoir achetées au supermarché et qui, du jour au lendemain, ont perdu leur goût et ont moisi. « Pourquoi les fraises n'ont-elles plus le même goût qu'autrefois ? » vous demandez-vous. Eh bien, avec les fraises de votre jardin, vous retrouverez ce goût sucré, fondant et généreux. De plus, elles embaumeront votre balcon d'un parfum qui fleure bon l'été. Elles s'offrent à vous pour que vous les ajoutiez à un smoothie ou à un muesli, ou pour que vous les dégustiez lors d'une flânerie sur votre balcon.

Si vous décidez de planter des fraisiers, vous pourrez profiter de variétés délicieuses, telles que Mara des Bois (qui a le goût exquis d'une fraise des bois), la classique et allongée Gariguette, Surprise des Halles, Malwina ou Manille. Vous vous régalerez également avec des fraisiers des bois, dont les fruits minuscules sont très parfumés. Et si vous souhaitez une touche d'originalité, pourquoi ne pas essayer une variété blanche ?

Les fraisiers se plaisent très bien dans les suspensions et autres pots, car leurs racines sont peu profondes. Cependant, ils ont besoin d'un apport d'engrais fréquent : utilisez un engrais liquide riche en potasse, comme un engrais pour tomates ou à base d'algues. Les fraisiers sont de jolies plantes décoratives, avec leurs fleurs blanches et jaunes et leurs fruits qui débordent des pots ou pendent des suspensions au-dessus de votre tête, pour vous tenter. Vous pouvez également planter vos fraisiers sous des arbres fruitiers ou d'autres grandes plantes, ou dans les poches d'un range-chaussures en tissu.

Plusieurs périodes dans l'année sont recommandées pour leur plantation ; à la fin de l'été-début de l'automne, ils sont vendus en racines nues et les premières récoltes auront lieu l'été suivant. Vous pouvez sinon acheter au printemps des stolons (nouvelles pousses se trouvant au bout de longues tiges) que le vendeur aura réfrigérés afin d'accélérer la fructification ; vous aurez alors des fraises pendant l'été. Du printemps jusqu'à l'été, vous trouverez aussi des plants en godet en jardinerie ou sur Internet.

Au moment de la plantation des fraisiers, qu'ils soient en racines nues ou en godet, assurez-vous que le cœur de la plante (là où poussent les nouvelles feuilles) se trouve au niveau de la surface du sol (s'il est enterré, il pourrait pourrir ; s'il est trop haut, il pourrait se dessécher).

Vous pourrez garder vos fraisiers deux ou trois ans dans une suspension ou dans un petit pot, avant de devoir les remplacer. Inutile d'acheter de nouveaux plants : créez de nouveaux pieds en plaquant les stolons sur un pot rempli de terreau jusqu'à ce qu'ils racinent ; vous pourrez alors les détacher du pied mère. Quant aux stolons dont vous n'avez pas besoin, coupez-les à proximité du pied de la plante mère. À la fin de l'été, quand les feuilles jaunissent, rabattez les fraisiers à environ 10 cm au-dessus du cœur (sauf pour les variétés remontantes, comme Mara des Bois).

Astuce

Le pot à fraisier en terre cuite classique est très joli dans un coin et peut accueillir jusqu'à 12 plants. Cependant, les plants du bas lutteront pour avoir de l'eau, à moins que vous ne leur facilitiez la tâche.

Une solution facile consiste à découper un tuyau en PVC de la taille du pot et de percer plusieurs trous dans sa longueur. Positionnez-le au centre du pot. Remplissez le pot de terreau, et le tube de galets. Ainsi, quand vous verserez de l'eau dans le tube, elle se répandra dans la partie basse du terreau et les plants du bas resteront humides.

Vous vous demandez pourquoi
les fraises n'ont plus
le même goût qu'autrefois ?
Plantez quelques pieds
et vous retrouverez
leur saveur incomparable

Les herbes aromatiques

Il n'existe sans doute aucun autre groupe de plantes comestibles aussi utile au jardinier urbain que les plantes aromatiques. Avec peu d'efforts, vous aurez en quantité les herbes les plus courantes en cuisine : persil, romarin, laurier, thym, ciboulette, menthe, coriandre, sauge, estragon, basilic... Vous pouvez aussi cultiver des herbes aromatiques plus inhabituelles, comme la verveine citronnelle, le basilic thaï ou le cerfeuil. Quelques plants suffisent largement pour la cuisine. Si, malgré cela, vous ne leur accordez toujours pas une place sur votre balcon, leurs diverses senteurs, couleurs et formes vous feront certainement changer d'avis.

N'hésitez pas à mélanger les herbes aromatiques pour un joli effet visuel : par exemple, des sauges au feuillage vert et aux fleurs violettes, ou un pot composé de thym citron panaché et de thym citron, avec son odeur raffinée et délicieuse. Ou bien associez du persil frisé à du persil plat, ou de l'oseille aux nervures violettes et aux feuilles vertes et luisantes à des basilics pourpres et verts. Avec un peu d'imagination, les aromatiques peuvent devenir les plantes les plus décoratives de votre jardin.

Ces plantes ont de multiples usages : la menthe pour préparer un thé ou un tzatziki ; le basilic pour concocter un pesto maison ; le laurier pour parfumer un ragoût ou une soupe, ou le romarin pour aromatiser de l'agneau ou des pommes de terre au four...

Les herbes aromatiques qui suivent sont les plus faciles à cultiver ; vous pouvez les acheter en godet et les replanter dans du terreau pour créer instantanément un jardin aromatique. À l'exception du persil, de la coriandre et de la menthe, les herbes aromatiques préfèrent en général une situation chaude, d'autant plus que le soleil concentre leur parfum.

Le romarin

Achetez des jeunes plants de romarin au printemps et plantez-les dans des pots d'au moins 20 cm de diamètre, car ils deviendront assez grands. Choisissez une variété à port droit, comme Miss Jessopp's Upright, ou une variété retombante (*Rosmarinus officinalis prostratus*) qui débordera joliment de son pot (vous pouvez dans ce cas planter d'autres herbes aromatiques dans le même pot). Assurez-vous que le pot a des trous de drainage et remplissez-le de terreau universel, en y incorporant quelques poignées de gravillons ou de sable, car le romarin déteste être gorgé d'eau. Placez-le dans un endroit ensoleillé et ne l'arrosez pas trop. Apportez-lui un engrais à base d'algues toutes les trois semaines à partir de la floraison.

Pour récolter le romarin, coupez des branches après un bourgeon naissant, plutôt que de le cueillir feuille à feuille. Cette herbe aromatique conférera une saveur incomparable à des pommes de terre nouvelles aillées et grillées au four. Le romarin étant persistant, il vous protégera du vent ou des voisins et apportera de la couleur à votre balcon toute l'année.

Le thym

Invitez les abeilles à venir bourdonner sur votre balcon tout l'été avec un pied de thym en fleur. Indispensable en cuisine, cette plante est belle toute l'année et sent délicieusement bon. Achetez des jeunes plants au printemps et plantez-les dans des pots ou des suspensions dans un mélange de terreau et de sable ou de gravillons. Choisissez le thym commun (*Thymus vulgaris*), le très joli thym citron panaché, ou le thym citron au parfum

FILIPPO BERIO

exquis. Placez-le dans un endroit ensoleillé, arrosez-le avec parcimonie et apportez-lui de l'engrais une fois par mois seulement. Après la floraison, taillez-le afin qu'il reste touffu. Coupez les brins selon vos besoins et parfumez-en vos soupes, ragoûts ou marinades. Vous pouvez faire sécher des feuilles à four tiède et les conserver dans un pot hermétique.

Le persil

Les semis de persil peuvent être réalisés à l'intérieur en avril-mai dans de petits pots (recouvrez les graines de vermiculite plutôt que de terreau). Mais c'est beaucoup plus facile d'acheter des plants. Le persil plat commun est plus parfumé que le persil frisé. Plantez-le dans du terreau universel, dans une situation mi-ombragée (il tolère même l'ombre). Il peut passer l'hiver dehors. Le persil étant bisannuel (il fleurit la seconde année), achetez de nouveaux plants ou semez de nouvelles graines tous les ans pour en avoir à disposition en permanence. Le persil peut être cueilli toute l'année. Vous pouvez congeler le persil ciselé dans un bac à glaçons ou l'utiliser pour préparer un beurre persillé.

La menthe

Délicieuse en boisson – mojito (voir p. 133) ou thé par exemple – ou saupoudrée sur des fraises fraîches, la menthe est incontournable sur un balcon potager.

Il vaut mieux acheter des plants au printemps. La seule difficulté avec la menthe est de choisir une variété. La menthe verte ou la menthe douce, qui sont meilleures pour les boissons et les thés, sont des valeurs sûres, mais si vous voulez une variété originale, essayez la menthe marocaine (idéale pour le thé), la menthe poivrée noire (au parfum puissant), la menthe chocolat, la menthe orange ou la menthe ananas.

Cependant, la menthe est prolifique et accaparera tout le pot ; aussi, accordez-lui un pot pour elle toute seule ou, si vous voulez l'associer à d'autres plantes, plantez-la dans un pot en plastique sans fond, que vous enfoncerez dans un pot plus grand. Placez la menthe à la mi-ombre ou même à l'ombre.

Les pieds de menthe disparaissent pendant l'hiver, mais réapparaîtront au printemps. Si vous voulez avoir de la menthe durant l'hiver, déterrez quelques pieds avec leurs racines à l'automne, rempotez-les et mettez-les à l'intérieur.

Le basilic

Cultivez cette herbe aromatique à volonté sur votre balcon, car vous aurez sans cesse envie de cueillir ses feuilles et un seul plant peut vite s'épuiser. Quelques feuilles peuvent transformer des tranches de tomates en la plus élégante des salades. Vous pouvez aussi préparer un délicieux pesto en écrasant du basilic avec de l'ail et des pignons.

Pour ne pas en manquer, prévoyez trois pots de basilic. Semez les graines à l'intérieur à partir du mois de mai, à environ ½ cm de profondeur, dans des pots de 10 cm (environ 8 graines par pot).

Placez les pots sur un rebord de fenêtre ensoleillé. Éclaircissez pour ne garder que quatre pieds par pot. Quand il n'y a plus de risque de gelée, repiquez les basilics dans des pots plus grands, exposés au soleil. Quand les pieds atteignent 5 cm, étêtez-les afin qu'ils se ramifient.

Vous pouvez aussi acheter des plants en juin et les mettre directement en place. La variété classique est le basilic de Gènes, au feuillage luxuriant. Le basilic pourpre, moins robuste, est très décoratif. Quant au basilic thaï, il a de jolies tiges violettes et son goût anisé apporte une note asiatique. Le basilic Opal est robuste et présente des feuilles vertes, des tiges pourpres et des fleurs violettes en épi, qui fleurissent à la fin de l'été et dont les abeilles raffolent. Cette variété est vivace : rentrez-la en octobre, puis ressortez-la à la mi-mai.

La coriandre

Vous pouvez acheter des plants de coriandre au printemps, mais il est préférable de semer des graines, afin d'avoir de la coriandre en permanence, car les plants ne repartent pas une fois coupés. Semez comme le basilic (voir ci-avant), mais ne pincez pas les extrémités et, idéalement, ajoutez des gravillons ou du sable au terreau pour améliorer le drainage. La coriandre préfère le soleil, mais tolère la mi-ombre.

Coupez les feuilles selon vos besoins et ajoutez-les à vos salades, soupes, currys, etc. ; leur parfum est indissociable des plats asiatiques. En semant quelques graines toutes les deux semaines de mai à septembre, vous devriez avoir de la coriandre en permanence.

La ciboulette

La ciboulette n'a pas seulement sa place en cuisine (pour agrémenter une salade, un poisson ou une salade de pommes de terre) ; elle est aussi très jolie, surtout quand ses pompons mauves (et comestibles) sont en fleur.

En attendant que votre pied soit bien touffu, achetez des plants à la fin du printemps. Vous pouvez aussi semer des graines dès avril, à ½ cm de profondeur, dans des pots de 10 cm de diamètre. Placez les plants sur un rebord de fenêtre ensoleillé et transplantez-les quand tout risque de gelée sera passé. La ciboulette pousse bien en pot, au soleil ou à la mi-ombre. Récoltez-la en coupant les brins à environ 3 cm du pied.

Pour avoir de la ciboulette l'hiver, déterrez une partie de la motte à l'automne, rempotez-la et placez-la à l'intérieur. Les pieds laissés à l'extérieur disparaîtront pendant l'hiver, mais réapparaîtront au printemps. À la fin du printemps, divisez la motte et plantez-en une moitié dans un nouveau pot ; vous aurez ainsi une production plus importante. Au cours de l'été, vous pouvez congeler la ciboulette ciselée dans un bac à glaçons.

La sauge

Avec son feuillage persistant, la sauge n'est pas appréciée à sa juste valeur d'un point de vue esthétique. La variété aux feuilles pourpres est sensationnelle au milieu d'herbes aromatiques vertes ou aux côtés de sa cousine verte officinale (attention cependant : moins résistante et vigoureuse que cette dernière, elle peut se faire envahir). La sauge est assez rustique pour passer l'hiver sans protection, sauf si celui-ci est très rude et humide. La verdure qu'elle apportera pendant les mois d'hiver sera la bienvenue.

Comme la sauge peut devenir très grande, un pied suffit en général. Achetez de jeunes plants au printemps et plantez-les dans du terreau universel, en y incorporant un peu de sable ou de gravillons. La sauge aime être au soleil. Cueillez les feuilles selon vos besoins.

Le laurier-sauce

Achetez un laurier déjà formé ou, solution beaucoup moins chère, achetez-en deux petits et consacrez l'argent économisé à des pots en terre cuite d'excellente qualité. Pour donner à un laurier une forme de boule sur tige, il vous suffit de tailler les pousses de la tige principale, en laissant une touffe de pousses au sommet. Vous obtiendrez la forme au bout de deux ou trois ans. Vous n'aurez besoin de tailler le laurier que deux ou trois fois par an.

Comme vous ne cueillerez que quelques feuilles de temps à autre, un pied est bien suffisant. Persistant, le laurier-sauce peut vous servir de brise-vue pendant l'hiver et vous isoler de vos voisins. De plus, un arbre formé constitue une pièce maîtresse décorative quand tout le reste est flétri.

L'origan

L'origan est une jolie plante rampante qui ne tardera pas à déborder de son pot. Ses fleurs attirent les abeilles et ses feuilles parfumées sont indissociables de la cuisine italienne et grecque.

Achetez des plants au printemps, plantez-les dans des pots ou jardinières plus grands, remplis de terreau universel et placez-les dans un endroit chaud, ensoleillé et abrité. Rabattez la touffe à l'automne ou au printemps afin que les tiges ne deviennent pas trop grosses. L'origan peut passer l'hiver à l'extérieur. Vous pouvez faire sécher des feuilles à four tiède et les conserver dans un pot hermétique.

L'estragon

Cette plante aux feuilles délicates n'est peut-être pas très jolie, mais elle joue dans la cour des grands en cuisine en parfumant délicieusement le poulet et le poisson. Achetez des plants au printemps et placez-les dans un endroit ensoleillé dans du terreau universel, idéalement en y incorporant du sable ou des gravillons pour améliorer le drainage. À l'automne, rentrez le pot et mettez-le sur un rebord de fenêtre ensoleillé, car cette plante délicate ne survivrait pas à l'hiver. Au début du printemps, de nouvelles feuilles apparaîtront ; ressortez la plante quand les gelées seront passées. Vous pouvez hacher les feuilles et les congeler sous forme de beurre aux fines herbes.

La verveine citronnelle

La verveine citronnelle devrait figurer dans tout jardin aromatique pour son parfum plutôt que pour son apparence. Si vous frottez ses feuilles rugueuses et allongées entre vos doigts, elles libèrent un délicieux parfum de citron. Consommées en infusion, elles sont exquises. Achetez de jeunes plants à la fin du printemps ou en été et placez-les dans un endroit ensoleillé et abrité. Vivace mais fragile, la verveine citronnelle doit être rentrée pendant l'hiver ou protégée avec un voile d'hivernage. Vous pouvez faire sécher les feuilles à four tiède et les conserver dans un pot hermétique.

Les feuilles de verveine citronnelle ont un délicieux parfum citronné et permettent de préparer une infusion exquise

Les carottes

En cultivant vos carottes, vous pourrez les récolter jeunes, lorsqu'elles sont croquantes et sucrées. Dégustez-les crues, en jus ou à la vapeur. Choisissez des variétés précoces comme Nantaise et Amsterdam, des variétés originales (Color Mix F1 offre des carottes violettes, jaunes, blanches et orange), ou aux racines rondes comme Marché de Paris, idéales pour les jardinières peu profondes.

Semez clair les graines dès avril, en les recouvrant légèrement de terreau, dans des pots profonds. Pour avoir des carottes tout l'été, semez des graines dans un autre pot dès qu'apparaissent les feuilles de vos semis précédents. Les carottes n'ont pas besoin d'un sol riche, mais il doit être bien drainé ; aussi, incorporez ¼ de sable au terreau. Éclaircissez les plantules à 5 cm. Les carottes sont prêtes à être arrachées au bout de deux ou trois mois.

Facile à réaliser

Des carottes et des soucis dans un pot coloré

L'orange vif du souci contraste vivement avec le feuillage vaporeux et verdoyant des carottes. Les baquets en caoutchouc ou en plastique (percés pour le drainage) sont idéaux pour ce projet, car ils sont légers, colorés et faciles à déplacer.

À FAIRE AU PRINTEMPS

Il vous faut :

- 1 baquet en plastique ou en caoutchouc
- 1 perceuse avec foret de 3 mm (au minimum)
- Des tessons de terre cuite ou des morceaux de polystyrène
- Du terreau universel
- Du sable
- 1 sachet de graines de carottes
- 1 sachet de graines de soucis (*Calendula officinalis*)

Comment faire ?

Percez une dizaine de trous (d'au moins 3 mm de diamètre) au fond du pot. Ajoutez ensuite des morceaux de polystyrène ou des tessons, avant de remplir presque entièrement le pot avec du terreau (ou un mélange de ¾ de terreau et ¼ de sable).

Mélangez les graines de carottes avec une poignée de sable sec et semez-les clair à la surface du terreau, puis frottez délicatement le terreau avec votre main pour dissimuler les graines. Avec votre doigt, faites une douzaine de trous dans le terreau, d'environ 1 cm de profondeur, puis déposez une graine de souci dans chacun d'eux et recouvrez. Arrosez copieusement et placez le pot au soleil. Éclaircissez les carottes à environ 5 cm et mangez en salade les jeunes pousses que vous aurez arrachées.

Les courgettes, courges et potirons

Un grand pot est nécessaire pour ces monstres rampants, mais leur culture est intéressante car ils sont prolifiques et combleront rapidement l'espace avec leurs énormes feuilles rêches et leurs grandes fleurs d'un jaune éclatant.

Cultivez les courgettes dans un grand pot d'environ 45 cm de diamètre. Les variétés coureuses comme Delicat F1 peuvent être palissées sur une balustrade ou un treillis. Certaines variétés buissonnantes, comme Sunny F1, Romano, la Ronde de Nice et la jaune Parador, peuvent s'étaler largement. Géode est une bonne variété compacte pour les plus petits espaces.

Les courges et les potirons se développeront dans tous les sens ; aussi, pour les contenir, vous pouvez les palisser sur la balustrade de votre balcon, ou bien sur un tipi placé au centre du pot. Essayez comme culture d'été le pâtisson orange, qui est relativement compact et produit beaucoup de fruits jaune crème, délicieux à la vapeur ou crus quand ils sont jeunes. Quant aux courges musquées et butternut (qui ont la peau dure et se conservent pendant des mois), elles ont besoin d'un climat relativement chaud pour mûrir correctement. À défaut, contentez-vous du beau potimarron Red Kuri (parfois appelé Uchiki Kuri) : des lanternes orange, à la peau dure, qui mûriront malgré un été médiocre. Il existe même pour les plus aventureux une variété de couleur bleue, Blue Kuri. Vous pourrez aussi choisir l'originale Trompe d'Albenga (ou Tromboncino) pour sa forme courbe, ou la courge Spaghetti, qui est d'aspect quelconque (ovale et de couleur crème), mais dont l'intérieur renferme des filaments semblables à des spaghetti. Coupez la courge en deux et passez-la au four à micro-ondes pendant quelques minutes, puis mangez la chair avec une grosse noix de beurre, du sel et du poivre fraîchement moulu.

Pour les potirons, si vous disposez de peu d'espace, essayez la variété relativement compacte Baby Bear pour de meilleurs résultats.

Semez en mai les graines de courgettes, courges et potirons sur leur tranche, à 3 cm de profondeur, dans des godets remplis de terreau universel. Mettez-les sur un rebord de fenêtre ensoleillé. Ou bien achetez des plants en juin et plantez-les directement en place. Arrosez copieusement vos cucurbitacées (tous les jours par temps chaud) et apportez-leur un engrais riche en potasse tous les quinze jours (un engrais d'algues liquide par exemple). Dans l'idéal, paillez-les avec une couche de 5 cm de fumier bien décomposé ou de compost bien mûr.

Les piments

Peu de plantes s'adaptent aussi bien à la culture en pot que ces plantes compactes, qui adorent la chaleur. Un pied sur un balcon suffit généralement, à moins que vous ne soyez un grand amateur de piments. Depuis le doux Hungarian Hot Wax aux brûlants Jalapeno, Oiseau et Etna, il existe des piments pour tous les goûts, de toutes les couleurs et toutes les formes. En prime, ces jolies plantes aux fruits colorés donneront un petit air exotique à votre balcon.

Semez les graines à l'intérieur en mars dans de petits pots, en les recouvrant légèrement de terreau, puis rempotez-les dans de plus grands pots si les pieds sont à l'étroit. Transplantez-les à l'extérieur en juin, une fois tout risque de gelée passé, dans un endroit ensoleillé et abrité. Amendez-les tous les quinze jours à partir de la floraison avec un engrais d'algues liquide. Rentrez les piments fin octobre afin que les fruits mûrissent complètement. Séchez ou congelez les piments en surplus. Arrosez avec parcimonie pendant l'hiver. La plante devrait faire de nouvelles feuilles au printemps. Après avoir paillé la plante avec du lombricompost ou du compost de jardin, vous pouvez la ressortir vers le mois de juin.

Les myrtilles

Deux buissons de myrtilliers en pot sont très jolis sur un balcon ; ce sont de belles plantes avec des fleurs crème et des feuilles qui rougissent souvent à l'automne. Les myrtilliers sont rustiques et n'ont donc besoin d'aucune protection l'hiver. De plus, ils demandent peu d'entretien (pour la taille, il suffit de couper les branches mortes). Leur seule exigence est d'être plantés dans de la terre de bruyère. Choisissez un pot d'au moins 30 cm de diamètre. Les myrtilliers préfèrent être arrosés avec de l'eau de pluie, mais à défaut, l'eau du robinet fera l'affaire. Fertilisez-les toutes les deux semaines à partir de la floraison, avec par exemple un engrais d'algues liquide ou du thé de compost.

Ce qui est merveilleux avec les myrtilliers, c'est la quantité de fruits qu'ils produisent de juin à septembre, et surtout leur qualité : les myrtilles sont bien plus fermes, acidulées et parfumées que celles du commerce. Bluecrop, Early Blue et North Blue sont de bonnes variétés.

LES PLANTES NON COMESTIBLES POUR LE CITADIN PRESSÉ

Si vous voulez associer à vos plantes potagères des plantes non comestibles demandant peu d'entretien, envisagez des plantes exotiques rustiques, comme la cordyline australe, le palmier de Chine ou le lin de Nouvelle-Zélande. Les graminées d'ornement, comme le *Miscanthus* et les bambous, sont aussi des valeurs sûres. Autre possibilité : semez directement en place des annuelles faciles à cultiver, qui fleuriront dès le début du printemps (capucines, tournesols, pois de senteur, cosmos, nigelles, soucis...). Ces fleurs mourront à la fin de l'automne, après avoir transformé votre espace en un écrin luxuriant et coloré tout au long de l'été. Associez-les à vos plantes potagères et vous obtiendrez le meilleur des deux mondes : laitues et capucines, pois de senteur enroulés autour de pois sucrés, ou tournesols se balançant au milieu d'épis de maïs...

Un yaourt et quelques myrtilles font un parfait petit déjeuner sur le pouce

Un potager personnalisé

Les jardins d'appartement ne sont pas le fruit du hasard, mais un choix délibéré. Ce n'est donc pas surprenant si les balcons et les jardins de toit sont souvent très personnalisés : quelle que soit leur taille, ils font ressortir toute la créativité qui est en vous et sont votre terrain de jeu. Ils ouvrent tout un monde de possibilités en termes non seulement d'espèces et de variétés, mais aussi de méthodes de culture. Oubliez les pots en plastique ou en terre cuite ; il existe de nombreuses autres solutions plus charmantes, originales et souvent gratuites pour mettre en valeur vos plantations.

Comment créer un potager récup'

Récupération, recyclage, débrouille..., appelez cela comme vous voulez. Bien des objets qui faisaient autrefois partie de notre quotidien prennent la poussière chez les brocanteurs ; pourtant, tous ces vieux seaux, baignoires, pots, théières et conserves galvanisés constituent un trésor pour le jardinier de balcon. Les vieilles tuiles, briques, tuyaux en terre cuite ou portemanteaux ont un charme suranné et, contre toute attente, ils font souvent de bons contenants. Ils apportent une touche personnelle et une note d'humour à n'importe quel balcon.

C'est très amusant de dénicher de vieux objets. Vous pouvez acheter un pot sur un marché pour quelques euros et y faire pousser des carottes et des soucis, ou bien décorer un portemanteau avec des suspensions. Si l'idée de dépenser de l'argent dans des matériaux de récupération ne vous séduit pas, essayez les sites de troc et surveillez les poubelles (vous serez étonné par tout ce que les gens jettent). Après tout, la passoire cabossée de l'un peut servir de suspension à l'autre !

Dénichez des contenants insolites

Vous pouvez cultiver des plantes dans tout vieux contenant, à condition que le fond soit percé. Votre seule véritable contrainte est le poids. Avez-vous vraiment envie de porter ce bac en porcelaine dans votre escalier, même s'il était très joli planté d'herbes aromatiques ? Avant d'acheter ou de récupérer des objets, demandez-vous si vous voulez réellement les voir dans votre jardin. Il y a peu d'intérêt à retaper une vieille boîte rouillée si, au final, vous vous dites qu'elle serait mieux à la décharge. Il en faut pour tous les goûts et le vrai plaisir avec les balcons de récupération, c'est de pouvoir vous exprimer librement ; aussi, n'ayez pas peur de faire des essais !

Les contenants en bois

Les vieilles caisses de vin ou caissettes à légumes sont solides, résistantes et très jolies garnies de salades ou d'herbes aromatiques. Autre idée originale : les tiroirs, qui sont souvent assez profonds pour accueillir de grandes plantes comme les tomates, les courgettes, les aubergines ou les piments. Les vieux tonneaux à vin peuvent avoir du cachet et sont suffisamment profonds pour un arbre fruitier, mais ne négligez pas leur poids important. Vous pouvez aussi recycler une corbeille à papier en osier toute simple. Si vous êtes un peu bricoleur, vous pouvez même fabriquer des bacs à partir de vieilles planches de bois ; veillez simplement à percer des trous de drainage dans le fond.

Si un autre balcon protège le vôtre de la pluie, vous pouvez utiliser des objets de récupération moins résistants aux intempéries. Les bibliothèques et les vaisseliers font d'excellents porte-pots et ont beaucoup plus de caractère que ceux vendus en jardinerie. De vieilles armoires ou commodes peuvent servir de pots : ouvrez leurs tiroirs en quinconce pour révéler des cultures exceptionnelles de haricots nains, de blettes, de laitues ou de fraises. Débusquez également de vieux perroquets ou porte-parapluies en bois : vous pourrez y faire pousser des plantes grimpantes, ou y suspendre des potées de fraisiers ou de tomates.

Tout contenant en bois, rempli de terreau humide, finira par pourrir, mais il tiendra beaucoup plus longtemps si vous l'enduisez d'huile danoise ou d'huile de lin et si vous renforcez les coins avec des équerres. N'utilisez pas de vernis : cela empêcherait le bois de respirer et, si l'eau pénétrait dans le bois, elle serait emprisonnée et le ferait pourrir. Afin de prolonger la vie des boîtes ou tiroirs en bois, tapissez-les de plastique. Percez des trous assez grands dans le plastique, au même niveau que ceux du tiroir, afin que l'excès d'eau puisse s'écouler facilement.

Les contenants en métal

Les vieux récipients galvanisés (lessiveuses, seaux, plateaux...) font d'excellents pots, avec leur couleur patinée. Ils confèrent une réelle douceur au jardin et absorbent la chaleur du soleil. Beaucoup plus légers qu'il n'y paraît, ils retiennent bien l'humidité (l'eau ne pouvant pas s'évaporer par les côtés), se parent de jolies formes et ont souvent des poignées charmantes. Ils ne rouillent pas et sont donc idéaux pour l'extérieur. Percez des trous dans le fond (avec une perceuse ou un clou) et déposez un lit de tessons de terre cuite ou de morceaux de polystyrène avant d'ajouter le terreau. Un pot galvanisé à deux anses planté de carottes et de soucis est très joli. Et que diriez-vous d'un thym aux feuilles argentées dans une vieille théière ?

Même les seaux rouillés peuvent être fabuleux alignés sur un banc et agrémentés d'herbes aromatiques ou de fleurs. Les pots à farine et autres pots émaillés rétro apportent une touche d'humour. Quant aux étagères ou casiers en fer forgé, ils peuvent servir de supports originaux à des courges ou des haricots.

10 plantes insolites

La personnalisation de votre jardin ne se limite pas aux pots que vous choisissez ; en faisant vous-même votre potager, vous avez la possibilité de cultiver des plantes étonnantes et merveilleuses. Ces fruits et légumes que l'on rencontre rarement sur les étals sont souvent facile à cultiver.

L'oseille ronde

Cette plante acidulée et peu connue, aux délicates feuilles en forme d'écusson, est très adaptée à la culture en pot. Semez les graines directement en place en mai dans du terreau universel, dans un pot, une jardinière ou une suspension. Les jeunes pousses conféreront une délicieuse saveur acidulée et citronnée à vos salades.

Les blettes Bright Lights

Vous ne verrez pas cette plante semblable aux épinards (photo ci-contre) dans les magasins, car elle se conserve mal. Mais comme vous la mangerez quelques minutes après l'avoir cueillie, cela importe peu. De grandes feuilles vertes se dressent au bout de tiges d'un rouge, jaune, orange ou violet vif. Faites cuire les feuilles à la vapeur et accompagnez-les d'une noix de beurre et d'un peu d'ail (faites cuire les côtes plus longtemps que les feuilles). Les côtes sont aussi délicieuses en gratin.

Pour consommer les grandes feuilles, semez clair les graines à 1 cm de profondeur, en avril, dans un pot d'au moins 30 cm de diamètre. Éclaircissez ensuite les plants à 20 cm. Pour avoir de jeunes feuilles à manger crues en salade, semez les graines à

1 cm de profondeur et tous les 1 cm, directement dans des pots moyens, d'avril à septembre. Récoltez-les en coupant juste au-dessus de la plus jeune feuille quand les plants font 10 cm. Les blettes à cardes blanches, avec leurs feuilles vert foncé, sont un peu moins impressionnantes visuellement, mais sont bien plus savoureuses.

Les fraises des bois

Les fraises des bois sont plus petites que leurs cousines cultivées, mais ont un goût plus intense et plus parfumé. Les fraisiers des bois se plaisent en suspension, en jardinière ou en pot et demandent très peu d'entretien, notamment car ils produisent moins de stolons que les variétés classiques. Achetez des plants du printemps jusqu'à l'automne et plantez deux ou trois pieds par pot de 30 cm de diamètre. Apportez-leur un engrais riche en potasse tous les quinze jours à partir de la floraison, comme un engrais d'algues liquide.

Les courges Trompe d'Albenga

Les longs fruits de cette courge coureuse (à droite sur la photo) sont d'un vert très clair, ont une forme incurvée et font penser à des courgettes. Cette plante sera étonnante sur une pergola ou une balustrade, où ses fruits pendront telles des lanternes. Semez les graines en avril dans des petits pots à l'intérieur. Repiquez les plants en mai-juin : donnez-leur un bon support pour grimper et espacez les pieds de 20 cm. Une fois les premiers fruits formés, fertilisez les courges avec un engrais riche en potasse tous les quinze jours. Elles produiront des fruits jusqu'au milieu de l'automne, que vous cuisinerez comme des courgettes.

Les tomates anciennes

La tomate cerise Miel du Mexique, sucrée et exquise, est incontournable sur un balcon potager. Noire de Crimée est une grosse tomate pourpre, ferme et au goût sucré-salé. Les rayures de Tigerella, vertes d'abord, deviennent rouges et jaunes au fur et à mesure que la tomate mûrit. Ces variétés, plus intéressantes que les variétés classiques, ne sont pas plus compliquées à cultiver. (Voir p. 30 pour les conseils de culture.)

Les pommes de terre violettes

Vitelotte, Négresse, Bleue d'Artois – certaines variétés anciennes de pommes de terre ont un si joli nom qu'il suffirait à vous donner envie de les cultiver ! Du violet au bleu, en passant par le noir, ces pommes de terre ont une saveur de noix intense et sont délicieuses cuites au four. (Voir p. 33 pour les conseils et de culture.)

Les carottes multicolores

Une assiette de carottes jaunes, blanches, orange, violettes et rouges est plus attrayante qu'une portion de carottes monochrome. Ces carottes seraient en outre plus intéressantes

d'un point de vue nutritif. On trouve aujourd'hui dans le commerce des mélanges multicolores. (Voir p. 48 pour les conseils de culture.)

Les haricots Borlotti

Un vrai parfum d'Italie ! Cultivez ces haricots comme des haricots grimpants (voir p. 34), dans un grand pot, avec un support à proximité. Cette variété présente d'étonnantes cosses tachetées de rouge et de vert. À l'intérieur, les haricots, également mouchetés, sont aussi jolis que les cosses. Vous pouvez les manger frais avec de la coriandre et du parmesan, ou séchés dans une soupe.

Semez les graines fin mai, dans un pot de terreau universel (environ 12 graines pour un pot de 30 cm de diamètre), à environ 2 cm de profondeur. Installez un tipi ou un autre support sur lequel les plants grimperont. Récoltez les haricots au début de l'automne lorsque les cosses sont légèrement vertes, marbrées de rouge et que l'intérieur est crème.

Les tayberries

Les baies de ce petit arbuste inhabituel sont à mi-chemin entre les mûres et les framboises. Installez-le dans un pot d'au moins 40 cm de diamètre et tuteurez les tiges au fur et à mesure qu'elles grandissent. Après la fructification, rabattez les pieds au ras du sol ; ils repousseront

l'année suivante. Récoltez les baies en juillet quand elles sont sombres et sucrées.

Les goyaves du Chili

Persistant et de la même famille que le myrte, le goyavier du Chili ressemble un peu à du buis, mais donne de succulentes baies qui mûrissent à la fin de l'été et ont un goût proche de la fraise.

Plantez de jeunes plants dans de la terre de bruyère dans un pot moyen (ils aiment que leurs racines soient à l'étroit), situé au soleil ou à la mi-ombre. Amendez votre goyavier une fois par an, au printemps, avec du compost, du fumier bien décomposé ou un engrais d'algues liquide. Une rangée de ces buissons forme une belle haie qui vous isole de vos voisins.

Un véritable parfum d'Italie : les étonnantes cosses des haricots Borlotti sont mouchetées de rouge et de vert

Facile à réaliser

UNE CORBEILLE DE POIS ET DE POIS DE SENTEUR

Les corbeilles à papier en osier font des pots légers parfaits, avec une charmante touche rustique. Les pois s'y plaisent bien, car leurs racines sont relativement profondes. En les associant à des pois de senteur, vous obtiendrez une merveilleuse profusion de senteurs, de fleurs et de cosses. Cueillez régulièrement les cosses des pois et enlevez les fleurs fanées des pois de senteur afin que les pieds en produisent davantage. Les cosses vertes, velues et non comestibles du pois de senteur sont faciles à différencier des cosses comestibles des pois. Mais pour qu'il n'y ait pas de doute possible, vous pouvez opter pour un mange-tout aux cosses violettes. À la fin de la saison, coupez les plants au pied, en laissant les racines dans le sol (elles enrichiront le sol en azote). Vous pouvez alors replanter des salades pour une récolte tardive.

À FAIRE EN AVRIL-MAI

Il vous faut :

- 1 corbeille à papier en osier
- 1 sac-poubelle noir ou 1 feuille de plastique
- Du terreau universel
- Quelques tuteurs d'au moins 35 cm (évitez les bambous, car les pois n'arriveraient pas à s'accrocher sur leur surface trop lisse)
- Quelques jeunes plants de pois de senteur
- 1 sachet de graines de pois (idéalement, une variété naine à cosse violette)

Comment faire ?

Garnissez la corbeille de plastique, puis percez 3 trous dans le fond. Remplissez presque entièrement la corbeille de terreau. Enfoncez les tuteurs dans la terre (il est inutile de leur donner une forme de tipi). Mettez les plants en terre. Faites ensuite des trous d'environ 5 cm dans le terreau, mettez-y les graines de pois, puis recouvrez. Arrosez copieusement et placez le pot dans un endroit abrité, ensoleillé ou à la mi-ombre.

Aidez les pois en accrochant leurs vrilles sur les tuteurs. Vous pouvez couper quelques jeunes pousses pour les manger en salade, mais laissez la majorité grandir jusqu'à maturité. À partir de la floraison, fertilisez cette potée chaque semaine avec un engrais d'algues liquide.

À défaut de tuteurs, placez la corbeille près de votre balustrade et passez de la ficelle entre les barreaux pour donner un support aux pois.

Utilisés en guise de pots de fleurs, les récipients rétro (pots à farine, théières...) apportent une touche d'originalité

Facile à réaliser

DES BETTERAVES DANS UN POT ÉMAILLÉ

Les anciens pots émaillés à farine ou à sucre se trouvent facilement chez les brocanteurs ou sur les marchés aux puces. Leurs couleurs et leur texte vintage en font des pots amusants et originaux. Adaptés à la culture des plantes potagères, ils sont assez profonds pour les betteraves, les carottes, les herbes aromatiques, les salades, les fraisiers, les tomates à port retombant ou les haricots mange-tout nains. Vous pouvez utiliser de plus petits récipients (boîtes à café ou à thé) pour des herbes aromatiques compactes : basilic, ciboulette, coriandre…

À FAIRE D'AVRIL À AOÛT

Il vous faut :

- 1 perceuse
- 1 boîte ou 1 pot émaillé (pot à farine, à sucre…)
- Des tessons de terre cuite, du polystyrène ou des cailloux
- Du terreau universel
- 1 sachet de graines de betteraves (une variété plutôt petite comme Rhonda F1 ou Boro F1)

Comment faire ?

Percez plusieurs trous d'au moins 3 mm de diamètre au fond du pot, puis déposez des tessons de terre cuite, des cailloux ou des morceaux de polystyrène pour améliorer le drainage. Remplissez le pot presque entièrement de terreau. Semez les graines de betteraves tous les 5 cm et à 2 cm de profondeur. Rebouchez les trous et arrosez copieusement. Placez le pot dans une situation ensoleillée et abritée.

Arrachez les betteraves quand elles ont la taille d'une balle de golf. Faites-les cuire au four et dégustez-les en salade : c'est un délice avec des pommes de terre nouvelles et de jeunes fèves du jardin.

Astuce

Les feuilles de betterave sont délicieuses crues en salade. Vous pouvez en couper de temps en temps ; cela n'aura pas d'impact sur la plante, à condition de ne pas trop la dégarnir.

Facile à réaliser

DES COURGETTES COLORÉES DANS UN TIROIR

Les vieilles commodes peuvent connaître une autre fin que la déchetterie : récupérez les tiroirs et faites-en de jolis bacs en bois. Ils sont assez profonds pour y cultiver la plupart des fruits et légumes. Recouvrez-les d'une peinture d'extérieur de couleur vive et laissez les poignées en place : le résultat sera très joli.

Les courgettes sont adaptées aux tiroirs, car ce sont des plantes rampantes et gourmandes qui accaparent l'espace. Toutefois, préférez une variété buissonnante, qui s'étalera moins. Essayez Géode, Ambassador, Tempra F1, la jaune d'or Parador ou la Ronde de Nice. Dans le doute, optez pour une variété adaptée à la culture en pot. Comme la courgette mettra un certain temps à remplir le tiroir, vous pouvez exploiter cet espace disponible en plantant des radis, qui arriveront rapidement à maturité.

À FAIRE DE LA MI-MAI À LA MI-JUILLET

Il vous faut :

- ✻ 1 tiroir en bois provenant d'une commode ou d'un vaisselier
- ✻ De la peinture d'extérieur brillante
- ✻ 1 pinceau
- ✻ 1 perceuse
- ✻ 1 doublure en plastique (facultatif ; c'est une précaution pour protéger votre plante des produits chimiques éventuellement utilisés pour le traitement du bois)
- ✻ Des tessons de terre cuite, des cailloux ou des morceaux de polystyrène
- ✻ Du terreau universel
- ✻ 1 plant de courgettes (idéalement, une variété non coureuse, comme la Géode ou la Ronde de Nice)
- ✻ 1 sachet de graines de radis comme les radis de 18 jours (facultatif)

Comment faire ?

Peignez les côtés visibles du tiroir et laissez sécher. Retournez-le et percez dans le fond une dizaine de trous d'au moins 3 mm de diamètre. Placez le tiroir dans un endroit ensoleillé. Si vous tapissez le fond, percez des trous dans le plastique au même niveau que ceux du tiroir. Déposez une couche de tessons de terre cuite ou d'autres matériaux de drainage, puis remplissez le tiroir de terreau.

Plantez la courgette. Si vous le souhaitez, semez quelques graines de radis dans la zone nue, à 1 cm de profondeur environ. Arrosez copieusement. Amendez la courgette toutes les semaines à partir de la floraison avec un engrais d'algues liquide. Récoltez les fruits quand ils font environ 10 cm. Vous pouvez aussi manger les fleurs : lavez-les, farcissez-les de ricotta, puis plongez-les dans une pâte à beignet légère, avant de les faire frire.

Pour la culture en pot de la courgette, préférez une variété compacte comme la jaune Parador (photo de gauche)

Facile à réaliser

UN PERROQUET À CROQUER

Ce projet de récupération original est parfait pour un petit balcon, car il nécessite un petit espace ensoleillé, mais peut accueillir une foule de plantes. Vous pouvez suspendre aux patères des corbeilles de fraisiers, de tomates, de salades ou d'herbes aromatiques, tandis que le pied central peut servir de support aux haricots grimpants ou aux concombres. Il se peut qu'un vieux portemanteau traîne chez vous dans un coin ; sinon, vous connaissez peut-être quelqu'un qui serait ravi de se débarrasser du sien...

Les haricots d'Espagne vont s'empresser de grimper et de recouvrir les portemanteaux et autres supports

À FAIRE DE LA MI-MAI À DÉBUT JUILLET

Il vous faut :

- 1 portemanteau perroquet
- 2 grands pots (d'au moins 30 cm de diamètre)
- Du terreau universel
- 2 plants de concombres (idéalement, une variété à fruits courts, comme La Diva ou Solverde)
- 10 plants de haricots grimpants (pour les mange-tout, essayez Princesse, les beurres De Rocquencourt ou les pourpres Blauhilde ou, pour les haricots d'Espagne, Painted Lady ou Scarlet Emperor)
- De la ficelle de jardin
- 2 paniers ou pots à suspendre de 30 cm de diamètre
- 3 plants de fraisiers (essayez Mara des Bois, Surprise des Halles ou Gariguette)
- 1 plant de tomates à port retombant (par exemple, Sweet Baby ou Genio)
- 4 suspensions plus petites
- Des graines de salades ou d'herbes aromatiques

Comment faire ?

Placez le perroquet dans un endroit abrité et ensoleillé (dans un coin, pour qu'il ne tombe pas avec le vent). Les grands pots devraient caler le perroquet. Si l'ensemble ne vous paraît pas assez stable, posez de lourdes pierres contre le pied ou fixez-le au mur avec une chaîne.

Remplissez les deux grands pots de terreau et placez-les au pied du perroquet. Plantez dans l'un les concombres et dans l'autre les haricots. Tendez ensuite plusieurs longueurs de ficelle entre l'anneau supérieur du perroquet et son pied, pour que les plantes grimpantes aient un autre support, en plus de la colonne centrale.

Plantez des fraisiers dans l'une des suspensions et dans l'autre des tomates, puis suspendez-les aux patères. Les plus petites suspensions accueilleront des salades et des plantes aromatiques.

Quand le concombre aura cinq feuilles, pincez son extrémité pour qu'il se ramifie, puis attachez ces ramifications sur les ficelles ou sur le perroquet. Lorsque les haricots et les concombres atteignent le haut du perroquet, pincez les pousses et laissez-les se ramifier. Arrosez souvent et, si possible, paillez pendant l'été les haricots et les concombres avec 5 cm de compost. Les tomates et les fraisiers apprécieront une dose d'engrais d'algues liquide tous les quinze jours, et les haricots et les salades toutes les trois semaines.

Les gobelets à café et les pots de yaourt font des godets idéaux pour les jeunes plants

Un balcon recyclé

Vous jetez très certainement toutes les semaines des dizaines de pots, boîtes, bouteilles et conserves, qui partent pour la décharge ou le centre de tri. Faites un tour dans votre garage, votre grenier, ou fouillez le fond de vos placards : vous trouverez des objets délaissés ou défectueux que vous ne vous êtes jamais résolu à jeter – des valets de douche qui ne ventousent plus, des range-chaussures à suspendre dont vous ne vous êtes jamais servi... Pourquoi dépenser de l'argent dans des pots chers et ordinaires quand, avec un peu d'imagination, vous pouvez transformer une grande partie de ces objets en des pots ingénieux ? Vous pouvez par exemple créer un jardin suspendu d'herbes aromatiques avec des bouteilles, fabriquer vos propres bacs à réserve d'eau ou accrocher à votre balustrade des poches de fraisiers.

La seule règle est qu'il n'y a pas de règles ; la seule condition est que ce soit recyclé. Si vous n'avez rien de convenable qui traîne dans votre maison, demandez aux traiteurs de votre quartier les boîtes qu'ils jettent ; les vieux récipients alimentaires ou bidons d'huile d'olive sont souvent très élégants. Les marchands de fruits et légumes sont généralement ravis de se débarrasser de leurs cageots (tapissez-les de plastique et ne vous attendez pas à ce qu'ils tiennent plus d'une saison), et les poissonniers de leurs barquettes en polystyrène (leur légèreté les rend particulièrement adaptées aux balcons). Les boîtes de rangement en plastique sont aussi très pratiques ; si elles ont des roues, c'est encore mieux, car elles seront lourdes une fois remplies de terreau humide. De plus, leur couvercle peut servir de cloche pour protéger vos jeunes plants printaniers.

Une fois que vous aurez commencé à chercher des objets à recycler pour votre jardin de balcon, vous ne pourrez plus vous arrêter. C'est d'autant plus satisfaisant que vous donnez une nouvelle vie à des objets destinés à la poubelle. N'ayez pas peur d'être excentrique : lors d'une expérience menée à Chicago en 1997, 446 kg de légumes ont été cultivés dans 38 piscines gonflables.

DES SEMIS ÉCONOMIQUES

Inutile d'acheter des pots ou des plaques de culture quand vous vous lancez dans les semis ; les barquettes, les pots de yaourt, les fonds de bouteilles en plastique fonctionnent tout aussi bien. Assurez-vous seulement de percer des trous dans le fond – ou, encore mieux, sur le bas des côtés. Les barquettes sont bien pratiques car elles disposent déjà de trous d'aération. Elles ont aussi souvent un couvercle en plastique, ce qui en fait des cloches prêtes à l'emploi pour semer des graines de plantes fragiles, comme les piments, les poivrons et les tomates.

Facile à réaliser

UNE PASSOIRE DE TOMATES ET DE CAPUCINES

Pourquoi utiliser une suspension classique et quelconque quand il existe une solution tout aussi simple et beaucoup plus originale ? C'est une jolie façon d'utiliser les vieilles passoires cachées au fond d'un placard. Si vous n'en avez pas, trouvez-en une d'occasion chez un brocanteur ou dans un vide-grenier. Et pourquoi ne pas en acheter une neuve, moderne, d'une couleur acidulée ? Cela vous reviendra toujours moins cher qu'une suspension.

Cette potée de capucines et de tomates aux couleurs vives offre un contraste du plus bel effet entre les fleurs orange et les fruits écarlates.

À FAIRE DE LA MI-MAI À LA MI-JUILLET

Il vous faut :

- 1 passoire
- 1 sac en plastique pour tapisser la passoire (par exemple, un vieux sac de terreau ou un sac-poubelle)
- Du terreau universel
- 1 plant de tomates à port retombant, tel que Sweet Baby ou Tumbling Tom
- 3 plants de capucines ou une poignée de graines de capucines
- De la grosse ficelle ou de la corde (cordon de rideaux par exemple)

Comment faire ?

Tapissez la passoire de plastique, en faisant un gros trou dans le fond, afin que l'eau s'écoule par le fond, et non par les côtés. Remplissez la passoire de terreau, puis plantez la tomate au centre et les capucines sur le pourtour (si vous avez des graines, semez environ 5 graines, à 2 cm de profondeur et à intervalles réguliers, puis éclaircissez plus tard pour ne garder que 3 plants). Arrosez copieusement. Suspendez la passoire avec de la ficelle à la balustrade de votre balcon ou à tout autre support adapté (une patère fixée au mur par exemple).

Arrosez fréquemment et paillez le pot avec du compost. Dès que les tomates ont la taille de petits pois, amendez-les toutes les semaines avec un engrais pour tomates ou un engrais d'algues liquide.

Une bouteille bricolée pour arroser en douceur

Les plantules sont facilement noyées si on les arrose avec un arrosoir ou au robinet. Vous pouvez fabriquer avec une bouteille en plastique un arrosoir parfait pour elles : percez simplement le bouchon de nombreux petits trous. Il vous suffit alors de presser la bouteille remplie d'eau pour arroser délicatement vos plants sans les abîmer.

Facile à réaliser

DES PLANTES DANS UN RANGE-CHAUSSURES

Voici une solution astucieuse et jolie pour cultiver des plantes aromatiques, des salades, des fraisiers ou des piments dans un petit espace, sans même avoir besoin d'une perceuse. Vous avez peut-être dans le fond d'un placard un range-chaussures à suspendre (sinon achetez-en un bon marché). Un range-chaussures qui s'emboîte sur le haut d'une porte est idéal, car il vous suffit de poser les crochets sur une balustrade, une barrière, un mur ou un treillis. Une couleur foncée est préférable, l'humidité de la terre ayant tendance à brunir les matériaux légers.

Vous pouvez couper les rangées du bas si votre range-chaussures est grand (le terreau humide devenant très lourd, il ne faudrait pas que le tout croule sous le poids). Utilisez les poches découpées en pots indépendants ailleurs sur votre balcon (les plus grandes pourront facilement accueillir un pied de poivrons, d'aubergines ou de tomates).

À FAIRE DÉBUT MAI

Il vous faut :

- 1 range-chaussures en tissu qui s'accroche sur une porte
- Des ciseaux
- Du terreau universel
- Des plants en motte de laitues, de fraisiers, de haricots verts, de piments ou d'herbes aromatiques (1 par poche)
- Des grains d'eau (facultatif)

Comment faire ?

Découpez les rangées du bas du range-chaussures si nécessaire. Remplissez la moitié de chaque poche avec du terreau ; si vous choisissez d'utiliser des grains d'eau, incorporez-les en suivant les instructions indiquées sur l'emballage. Tassez la terre en tapotant les poches sur le sol.

Déposez vos plants et remplissez les poches de terreau. Arrosez copieusement, puis suspendez le range-chaussures.

Les salades et certaines herbes aromatiques (persil, coriandre, menthe) se plaisent bien à la mi-ombre, mais les fraisiers, les tomates, les autres herbes aromatiques et les haricots nains ont besoin de plein soleil.

Facile à réaliser

UN BAC À RÉSERVE D'EAU SIMPLE ET GRATUIT

Nous avons tous vécu cette situation : réaliser soudain avec angoisse, sur la route du retour, que les pieds de tomates n'ont pas eu d'eau pendant trois jours. Vous les retrouvez flétris et très mal en point. Cependant, si vous fabriquez l'un de ces pots à réserve d'eau ingénieux, vous pourrez de nouveau partir en week-end prolongé sans culpabiliser.

Ces pots disposent d'un réservoir d'eau intégré, afin que les plantes absorbent l'humidité par leurs racines durant plusieurs jours. Ils seront bien utiles, surtout pour les plantes particulièrement gourmandes en eau, comme les courgettes, les tomates ou les aubergines. Il existe de nombreuses versions plus élaborées de ce système, mais celui décrit ici est très simple et facile à réaliser avec des matériaux que vous avez sans doute chez vous.

À FAIRE N'IMPORTE QUAND (MAIS LES PLANTATIONS SONT À RÉALISER D'AVRIL À SEPTEMBRE)

Il vous faut :

- Des ciseaux
- 1 pot de fleurs en plastique de taille moyenne (environ 12 cm de diamètre)
- 1 gros pot (par exemple, une boîte de rangement en plastique percée dans le fond)
- 1 grande bouteille en plastique (idéalement, une bouteille de 5 l avec son couvercle)
- 1 tuyau de la même longueur que votre pot (un tuyau d'arrosage en plastique fera l'affaire ; un tuyau en plastique rigide est idéal)
- Du terreau universel
- 1 entonnoir (facultatif)

Comment faire ?

Percez une dizaine de trous avec des ciseaux sur les côtés du pot de fleurs en plastique. Faites ensuite un trou dans le côté de la bouteille de la taille du pot de fleurs ; ce dernier doit s'y encastrer parfaitement. Enfoncez le pot de fleurs au maximum dans le trou, sans toutefois que le fond ne touche l'autre côté de la bouteille. Posez la bouteille à l'horizontal dans le fond du gros pot, le pot en plastique vers le haut. Ce sera le réservoir.

À côté du pot en plastique, faites un trou dans la bouteille de la taille du tuyau. Enfoncez-y le tuyau. Remplissez le petit pot de terreau, en tassant bien. Versez ensuite de l'eau dans le tuyau pour remplir la bouteille-réservoir (utilisez un entonnoir pour plus de facilité). Enfin, mettez du terreau dans le gros pot et plantez vos plantes. Remettez à niveau le réservoir en versant de l'eau par le tuyau une fois par semaine environ.

Source d'inspiration

UNE VRAIE TROUVAILLE

Si les fenêtres en façade regorgeant de tomates ne vous mettent pas la puce à l'oreille, un petit tour sur le minuscule balcon de cette maison londonienne (voir p. 77) vous confirmera certainement que Mark Ridsdill Smith est un passionné de jardin potager. Dans un espace de 3 × 2 m tout au plus, Mark a créé un potager ingénieux, où foisonnent haricots, salades, courgettes, herbes aromatiques et tomates.

Il y a partout des objets de récupération : par exemple, Mark a fabriqué des bacs en bois avec des lattes de plancher trouvées dans la rue, ou encore deux moitiés d'un cerceau en plastique qui servent de support à un voile d'hivernage. L'eau de pluie du toit coule dans un bidon en plastique, équipé d'un robinet d'arrêt ; des tuyaux reliant les bacs en bois entre eux permettent de remettre à niveau les réservoirs. Autrement dit, le balcon s'arrose tout seul ! Tout ce que Mark a à faire est de se détendre, de cueillir ses laitues rouges et vertes luxuriantes et d'admirer ses fleurs de capucines nichées au milieu de ses haricots d'Espagne.

Facile à réaliser

UNE CASCADE DE SALADES

Si vous souhaitez un look plus minimal pour votre potager vertical, pourquoi ne pas cultiver des salades et des plantes aromatiques dans des gouttières en plastique fixées au mur ? Cette solution, qui permet d'utiliser au mieux l'espace des petits balcons urbains, est élégante et moderne (en particulier si vos plantes viennent à recouvrir la gouttière, donnant alors l'impression de flotter dans l'air). Vous pouvez y cultiver des plantes pour leurs jeunes pousses et feuilles : pousses de pois et de tournesol, laitues, épinards, blettes ou roquette. Récoltés jeunes, les oignons nouveaux, le basilic et la coriandre se plaisent également dans ce type de pot. Il est préférable de fixer les gouttières sur un mur entièrement ou partiellement à l'ombre, car la petite quantité de terreau s'assécherait rapidement au soleil.

Pour des cultures très précoces, semez des graines dans la gouttière à l'intérieur au début du printemps, puis fixez-la à l'extérieur quand il n'y a plus aucun risque de gelée. Vous pouvez aussi semer à l'extérieur et protéger la cascade des gelées avec une bâche en plastique. Si vous ne voulez pas faire de semis, achetez des plants en motte et plantez-les début mai.

L'un des atouts de ce système est que l'eau en excès s'écoule dans la gouttière du dessous, donc vous ne gâchez pas d'eau. Si vous arrosez précautionneusement, l'eau ne sera pas en contact avec le mur et ne l'abîmera pas.

À FAIRE N'IMPORTE QUAND (MAIS LES PLANTATIONS SONT À RÉALISER D'AVRIL À OCTOBRE)

Il vous faut :

- Des gouttières en plastique avec des talons
- 1 pinceau et de la peinture d'extérieur brillante (facultatif)
- 1 scie
- 1 perceuse avec un foret de 3 mm
- Du terreau universel
- Des grains d'eau
- Des graines de laitue, basilic, coriandre, épinards, blettes, roquette, radis, pois, tournesol ou oignons nouveaux
- Des crochets, vis et chevilles pour fixer les gouttières

Comment faire ?

Vous pouvez peindre les gouttières si vous voulez les assortir au mur ; dans ce cas, utilisez une peinture d'extérieur brillante et peignez uniquement l'extérieur, afin que la peinture n'entre pas en contact avec le terreau. Coupez les gouttières de la longueur que vous souhaitez ; percez des trous dans le fond, tous les 10 cm environ, pour le drainage ; enfin, posez les talons.

Remplissez les gouttières du mélange terreau/grains d'eau, pour réduire les arrosages. Semez vos graines tous les 1 cm et arrosez copieusement. Fixez les crochets au mur, puis accrochez la gouttière. Arrosez fréquemment. Coupez les feuilles quand les jeunes plants de salades et d'herbes aromatiques font environ 10 cm, et les oignons nouveaux quand le bulbe est formé. Pour les pousses de pois et de tournesol, voir p. 39.

Facile à réaliser

UNE IDÉE À ADOPTER : DES HERBES AROMATIQUES DANS DES BOUTEILLES SUSPENDUES

C'est une merveilleuse façon de transformer les bouteilles en plastique en un jardin suspendu au charme décontracté. Les plantes aromatiques et les salades se plairont bien dans ces vieilles bouteilles attachées à la balustrade et celles-ci deviendront pimpantes si vous les peignez avec des couleurs vives.

À FAIRE D'AVRIL À JUILLET

Il vous faut :

- 4 grandes bouteilles en plastique (par exemple, bouteilles d'eau ou de lait de 1 l)
- Des ciseaux
- De la peinture d'extérieur brillante de couleur vive
- 1 pinceau
- 1 clou ou 1 pointe, pour percer le fond des bouteilles
- 1 poinçonneuse
- Des gravillons
- Du terreau universel
- 4 plants d'herbes aromatiques (persil, coriandre, estragon, thym, origan, ciboulette ou basilic)
- De la grosse ficelle

Comment faire ?

Découpez chaque bouteille en deux à l'aide des ciseaux. Peignez l'extérieur des bouteilles avec de la peinture d'extérieur brillante. Une fois la peinture sèche, percez plusieurs trous dans le fond, d'au moins 3 mm de diamètre. Avec la poinçonneuse, percez 2 trous en haut de chaque bouteille, pour y passer la ficelle.

Déposez des gravillons au fond de chaque bouteille. Remplissez la moitié des bouteilles avec ¾ de terreau et ¼ de gravillons. Les gravillons améliorent le drainage ; c'est essentiel pour les herbes aromatiques, car leurs racines détestent être détrempées. Mettez les plants sur le terreau, enfoncez-les bien, puis remplissez les bouteilles de terreau. Arrosez copieusement. Passez la ficelle à travers les trous et suspendez votre jardin aromatique dans un endroit ensoleillé, facilement accessible pour la cueillette.

Astuce

Ne jetez pas les moitiés supérieures des bouteilles : enfoncez-les, goulot vers le bas, dans la terre près de grandes plantes gourmandes, comme les tomates, les courgettes et les arbres fruitiers en pot. Remplissez la bouteille quand vous arrosez ; vous pouvez être certain que l'eau ira jusqu'aux racines de la plante et ne s'évaporera pas de la surface du terreau par une journée chaude.

Source d'inspiration

L'issue de secours de Mike à Manhattan

Si vous vous plaignez en permanence du manque d'espace sur votre balcon, demandez-vous : « Que ferait Mike ? » Mike Lieberman, New-Yorkais de 30 ans, vit au quatrième étage d'un immeuble de Manhattan et jardine sur une issue de secours de 90 cm sur 60 cm. Ce citadin qui n'avait aucune expérience en jardinage est l'exemple même de ce que l'on peut faire avec un peu de créativité et de détermination.

Chaque centimètre carré est occupé par des récipients alimentaires recyclés, qu'ils soient suspendus à la balustrade ou posés sur la grille du sol. On ne croirait pas que ces pots bariolés, recouverts de peinture écologique au lait, ont été autrefois des pots de mayonnaise ou des bacs de glace. Mike utilise également des vieux pots à café et, pour ses suspensions, des bouteilles de soda, qu'il coupe en deux, décore de motifs colorés et attache à la balustrade. L'effet est éclectique, excentrique et charmant, surtout lorsque les salades, les choux frisés, les blettes multicolores et l'oseille aux nervures rouges débordent de leurs pots.

Facile à réaliser

UN POT EN PNEUS

Les pots en pneus retiennent l'humidité et absorbent la chaleur du soleil. Ils sont donc parfaits pour les plantes gourmandes en eau et qui aiment la chaleur : courgettes, courges, piments, tomates… Vous pouvez adapter la hauteur des piles : une pile basse est parfaite pour les salades et les plantes aromatiques comme la coriandre et le basilic ; ajoutez quelques pneus supplémentaires et les racines des fraisiers auront suffisamment d'espace ; encore quelques pneus et vous aurez une récolte exceptionnelle de tomates, de pommes de terre ou de haricots nains.

Tout pneu de vélo jeté peut servir, que ce soit des pneus qui traînent chez vous ou que vous les récupériez chez des marchands de cycles. Ces derniers jettent des dizaines de pneus chaque jour et seront ravis que vous les en débarrassiez. Toutefois, plus les pneus sont larges, mieux c'est (il vous faudra beaucoup moins de pneus de VTT que de pneus de vélo de course). Si vous avez beaucoup d'espace, utilisez des pneus de vélo d'adulte ; sinon, optez pour des pneus de vélo d'enfant.

À FAIRE N'IMPORTE QUAND (MAIS LES PLANTATIONS SONT À RÉALISER D'AVRIL À OCTOBRE)

Il vous faut :

- Au moins 5 vieux pneus de vélo
- Des colliers de serrage en plastique
- 1 sac-poubelle noir épais
- Des tessons de terre cuite ou des morceaux de polystyrène
- Des ciseaux ou un emporte-pièce pour le caoutchouc
- Du terreau universel
- Des plantes de votre choix (voir ci-avant)

Comment faire ?

Empilez deux pneus, puis attachez-les avec des colliers, en perçant précautionneusement le caoutchouc avec des ciseaux ou un emporte-pièce. Répétez l'opération jusqu'à ce que vous ayez empilé tous vos pneus.

Tapissez le centre de la pile avec le sac-poubelle, au fond duquel vous aurez percé des trous pour le drainage. Disposez un lit de tessons de terre cuite ou de polystyrène dans le fond du pot, puis remplissez de terreau et plantez. Arrosez copieusement et placez le pot dans un endroit ensoleillé et abrité.

Les pots en pneus sont parfaits pour les plantes qui aiment la chaleur, comme les patates douces et le basilic

OLIVE
KALAMATA
eccelenti

Le balcon du maraîcher urbain

Autrefois, la campagne était réservée aux fermes et les villes aux magasins et aux immeubles de bureaux. Les espaces verts des agglomérations étaient uniquement conçus comme des oasis de verdure pour le repos et la relaxation, qu'il s'agisse des Parcs royaux de Londres, du Jardin du Luxembourg à Paris ou de Central Park à Manhattan. Un jardin potager était bien la dernière chose que l'on s'attendait à y trouver. Les brocolis, les laitues et les tomates provenaient de barquettes sous cellophane, et non d'un jardin niché entre des tours.

Un apiculteur sur le toit de l'Opéra Garnier à Paris

La culture des fruits et légumes n'a jamais été aussi populaire que ces temps-ci, même au cœur des villes. C'est tendance de vanter le goût sucré des carottes que l'on vient d'arracher ou de connaître les variétés anciennes de tomates. Tous les jours, de nouveaux balcons sont conquis par des jardiniers récemment convertis aux joies du potager, même si leur jardin se résume à quelques herbes aromatiques ou pieds de tomates. S'asseoir dans un transat, cueillir une fraise mûre à point ou une tomate chauffée par le soleil, tout en contemplant la vue sur les toits, est une idée du bonheur plutôt séduisante.

Toutefois, certains ne se contentent pas d'un petit coin de paradis suspendu ; ils prennent conscience du potentiel que représentent les nombreux hectares inexploités au sommet des immeubles de bureaux, des résidences et des entrepôts. Une nouvelle génération de jardiniers est bien décidée à faire de ces toits des fermes entre ciel et terre, pour produire des fruits et légumes frais pour les habitants, les restaurants et les travailleurs du quartier.

Le but de ces jardiniers, soucieux de l'impact de l'agriculture sur l'environnement, est de cultiver des fruits et légumes, mais aussi de voir la ville sous un autre angle : améliorer le paysage urbain, en y intégrant des zones plus écologiques et plus productives. En outre, ces personnes récupèrent l'eau de pluie, font du compost et possèdent des ruches.

À Manhattan, les toits des entrepôts deviennent des exploitations agricoles ; à Vancouver et à Chicago, les toits des restaurants ont été métamorphosés en de verdoyants jardins maraîchers, dont les produits frais sont utilisés en cuisine. Dans un quartier de Londres, on projette même de transformer le toit d'un ancien parking à plusieurs étages en potager, en créant des bacs avec des sacs de terre d'une demi-tonne – le poids n'est pas un souci, le bâtiment ayant été conçu pour des voitures. À Saint-Pétersbourg, les habitants, las de devoir parcourir des kilomètres pour trouver un espace vert, installent des potagers sur les toits de leurs grandes tours en béton et se partagent les récoltes.

Jeunes, respectueux de l'environnement et résolument citadins, ces maraîchers des villes mènent une révolution agricole, dont les partisans sont de plus en plus nombreux chaque jour. Quelle que soit la superficie de votre espace de verdure, ces personnes peuvent être pour vous une source d'inspiration pour créer une oasis potagère, plus écologique, à quelques mètres au-dessus du sol. Et pourquoi vous limiter aux fruits et légumes quand vous pouvez aussi y mettre des vers ou des abeilles ? L'agitation urbaine ne fait que commencer !

Les maraîchers urbains : jeunes, respectueux de l'environnement et incontestablement citadins

Pourquoi cultiver des fruits et légumes en ville ?

Installer des jardins maraîchers sur les toits des villes n'est pas qu'une idée amusante pour le bon plaisir de quelques écologistes privilégiés, c'est aussi plein de bon sens.

De nombreux experts estiment que, dans les années à venir, nous ne pourrons plus compter sur l'agriculture traditionnelle pour assurer notre alimentation ; les terres agricoles mondiales s'amenuisent, alors que la population ne cesse d'augmenter. De plus, la diminution des réserves de pétrole menace les pratiques de l'agriculture traditionnelle, qui dépend du carburant pour cultiver et fertiliser les champs ainsi que pour acheminer les récoltes à des milliers de kilomètres de leur lieu de culture. Les méthodes de l'agriculture intensive conduisent déjà à une dégradation générale du sol ; la couche arable est emportée par la pluie et sa fertilité doit être reconstituée artificiellement avec des engrais issus du secteur pétrolier. C'est donc un cercle sans fin.

Si l'on ajoute à cela le réchauffement climatique, il n'est pas surprenant que l'avenir de notre approvisionnement alimentaire nous paraisse plus que jamais incertain. En attendant que les scientifiques trouvent des sources d'énergie alternatives, le pétrole va devenir de plus en plus cher et les prix de l'alimentation risquent aussi d'augmenter. Bien sûr, ce n'est pas avec quelques pots de carottes que nous deviendrons autosuffisants, mais chaque contribution compte... La végétalisation des toits et balcons présente un autre avantage environnemental : elle préserve la fraîcheur des bâtiments l'été, réduit l'effet désastreux d'« îlot de chaleur urbain » et permet de moins recourir à la climatisation. À l'inverse, dans les régions plus froides, elle préserve la chaleur à l'intérieur des bâtiments. Les espaces végétalisés retiennent aussi l'eau de pluie ; même temporairement, en empêchant la saturation des égouts.

Notre perception de la ville est en pleine évolution ; nous ne supportons plus de voir des espaces vides inutilisés, alors que l'importation de produits d'autres pays coûte cher et n'est pas écologique. Nous voulons connaître la provenance et le mode de production des fruits et légumes. Alors quoi de mieux que de les cultiver nous-mêmes ?

Devenez maraîcher urbain

Nous n'avons pas tous à disposition le toit inutilisé d'un entrepôt ou d'une résidence, capable de supporter une couche de 15 cm de terre. Nous ne partageons pas tous non plus l'envie de mener un projet aussi ambitieux, mais des éléments de ces projets sont intéressants et peuvent être mis en œuvre à l'échelle d'un petit balcon ou d'un toit en terrasse. Vous pouvez créer un jardin urbain non seulement pour obtenir beaucoup de fruits et légumes frais et délicieux, mais aussi pour construire un environnement plus durable, en récupérant l'eau de pluie, en faisant du compost ou même en ayant des abeilles.

En ce qui concerne le choix des cultures, vous aurez sans doute envie de vous limiter aux plantes très productives (choux frisés, pommes de terre, tomates...) et à celles qui permettent des récoltes en continu grâce à des semis successifs. Vous voudrez aussi optimiser chaque centimètre carré : en intercalant les cultures, en les étageant ou en imaginant d'autres solutions astucieuses. Par ailleurs, plus vos pots sont grands, mieux c'est. Et si vous avez de la place, pourquoi ne pas essayer les carrés potagers ?

Source d'inspiration

UNE FERME DE TOIT SURPLOMBANT MANHATTAN

Peu d'exploitations agricoles ont vue sur l'Empire State Building, mais Eagle Street n'est pas une exploitation ordinaire. Cette ferme de légumes biologiques de $560\ m^2$ est perchée sur le toit d'une fabrique de bagels désaffectée de Brooklyn. Profitant du soleil et de la vue sur les gratte-ciel, des rangées d'épinards, de carottes, de tomates et de poivrons poussent dans 10 à 15 cm de terre. Des poulaillers et des ruches complètent ce tableau idyllique. Tous les dimanches, un marché est organisé au pied du bâtiment pour vendre les produits frais de ce jardin ; d'autres récoltes finissent dans les cuisines de restaurants du quartier.

L'objectif d'Eagle Street Rooftop Farm est de produire des légumes pour les habitants du quartier, mais aussi de sensibiliser le public aux méthodes agricoles. Sa cofondatrice, Annie Novak, s'intéresse vivement aux espaces verts des villes, à la flore et à la faune urbaines ainsi qu'à l'autosuffisance. « Je suis ravie si la création d'un potager sur un toit révolutionne notre vision de la santé, de l'impact de l'agriculture sur notre écosystème et de la provenance de notre nourriture », explique-t-elle.

La préservation de l'environnement est une préoccupation centrale pour ce type d'organisation et, à Eagle Street, on réutilise autant d'eau que possible. L'eau de pluie est collectée pour irriguer les plantes et aucun arroseur par aspersion n'est utilisé, car une grande partie de l'eau serait emportée par le vent. L'arrosage se fait donc avec des tuyaux goutte-à-goutte ou à la main. De plus, tous les fruits et légumes sont lavés au-dessus d'une citerne et l'eau récupérée sert à arroser les jeunes plants.

Économisez-vous en mettant vos plantes à contribution

Suivez ces conseils pour que votre balcon potager soit le plus productif possible.

Des cultures rapides

Vous pouvez semer des plantes à croissance rapide (radis, salades à couper, pousses de pois...) sur le pourtour de pots contenant des plantes plus grandes et à croissance plus lente, comme des courgettes, des haricots ou des fraisiers. Elles demandent peu d'espace et de nutriments, et vous pourrez les manger au bout d'un mois, ce qui libérera de la place pour la plante principale. En outre, ces plantations protègent le terreau du soleil, ce qui limite l'évaporation de l'eau par temps chaud.

Des cultures étagées

Plantez sous de grandes plantes des plantes plus basses, qui tolèrent davantage l'ombre. Les « 3 sœurs » (page de droite) sont une association astucieuse. De grandes plantes, comme les haricots d'Espagne, poussent en tipi au centre, ce qui laisse de l'espace sur le pourtour pour des plantes compactes (roquette, persil...) ou qui débordent du pot (fraisiers, tomates à port retombant...). Exploitez les supports verticaux à proximité : par exemple, plantez des pois ou des haricots en arrière-plan et, sur le devant, des plantes plus basses et buissonnantes, comme des courgettes.

Anticipez les plantations

Plutôt que de semer de nouvelles graines après avoir récolté vos légumes, pourquoi ne pas anticiper en semant dans de petits pots ? Vous aurez ainsi toujours un temps d'avance et vous pourrez replanter vos jeunes plants dès que le pot sera libéré.

Pendant l'hiver et au début du printemps, semez les graines à l'intérieur et mettez-les sur un rebord de fenêtre ensoleillé. Ou, une fois tout risque de gelée passé, semez dans de petits pots à l'extérieur, et placez-les dans un endroit abrité. Quand vous voulez remplacer une plante par une autre, arrachez les anciens plants, ôtez-leur autant de terreau que possible, puis, avant de planter, amendez la terre avec du terreau de plantation frais ou du compost.

Le maïs

Le maïs du jardin, dégusté quelques minutes après la cueillette avec une belle noix de beurre, est l'un des doux plaisirs que peut s'offrir le jardinier. Il est très croquant et merveilleusement sucré. Réservez à vos pieds de maïs une situation abritée, car le vent peut les coucher.

Les variétés très sucrées sont les meilleures, en particulier Landmark et Idaho F1 (dont les épis de 15 cm sont parfaits pour les enfants).

Semez en avril un grain par pot de 9 cm, à environ 2 cm de profondeur. Placez les pots sur un rebord de fenêtre ensoleillé. Repiquez ensuite les plants à la fin du printemps. Vous pouvez aussi semer en place en mai. Le maïs étant pollinisé par le vent, plantez les pieds en bloc plutôt qu'en rangée, afin que le pollen puisse atteindre les autres plants. Comptez au maximum 3 pieds par pot de 30 cm ; pour une bonne pollinisation, plantez plusieurs pots.

Arrosez fréquemment et fertilisez tous les quinze jours avec un engrais pour tomates ou un engrais d'algues liquide. Pour savoir si les épis sont mûrs, enfoncez votre pouce dans un grain : si le jus est laiteux, les épis sont prêts ; s'il est clair, attendez encore quelques jours.

Facile à réaliser

« LES 3 SŒURS »

Les Amérindiens associaient traditionnellement le maïs, les haricots et les courges. Le nom des « 3 sœurs » vient d'une image plutôt jolie selon laquelle les plantes prennent soin l'une de l'autre : le maïs sert de support aux haricots, qui enrichissent le sol en azote au profit du maïs et de la courge. Quant à cette dernière, elle fait de l'ombre aux racines des autres plantes, les protégeant du soleil et de ses effets desséchants. Si vous ne trouvez pas de variété compacte de courge, optez pour une variété grimpante, mais veillez à ce qu'elle ait un support ; sinon, elle s'étalera sur le sol.

À FAIRE EN MAI-JUIN

Il vous faut :

- 1 grand pot léger de 60 cm de diamètre (baquet en plastique par exemple)
- Du terreau universel
- 1 variété compacte de courge (par exemple, pâtisson orange) ou de courgette (par exemple, Tuscany)
- 5 plants de maïs
- 10 plants de haricots à rames

Comment faire ?

Remplissez le pot de terreau. Plantez la courge au centre, puis les plants de maïs autour à intervalles réguliers. Installez 2 plants de haricots au pied de chaque maïs et arrosez copieusement. Aidez les haricots à grimper en enroulant leurs pousses sur les pieds de maïs. Placez le pot dans un endroit ensoleillé et abrité. Arrosez fréquemment et amendez tous les quinze jours avec un engrais d'algues liquide dès que les courges sont formées.

10 plantes pour des récoltes en continu

Semez les plantes suivantes toutes les deux semaines, du printemps jusqu'à la fin de l'été, pour profiter de légumes pendant tout l'été. Pour cela, mettez en place une rotation avec environ quatre pots d'au moins 30 cm de diamètre, à des étapes différentes de croissance. Si vos plantations sont dans un carré potager de taille moyenne, semez une rangée tous les quinze jours.

Les betteraves

Les betteraves cuites au four et servies avec de la feta et des pommes de terre nouvelles sont l'un des plaisirs du début de l'été. Si vous étalez les semis, vous pouvez les récolter petites, quand elles sont tendres et sucrées. Elles sont aussi délicieuses crues, tranchées très fin. Vous pouvez également manger les feuilles en salade ou cuites à la vapeur.

Semez des graines directement dans des pots moyens, en les espaçant de 4 cm et en les mettant au soleil. Faites cela toutes les deux semaines d'avril à août. Récoltez les betteraves quand elles ont la taille d'une balle de ping-pong. Les bonnes variétés sont Rhonda F1 et Boro F1 (de petite taille), De Detroit Améliorée, Bull's Blood (feuilles violettes, délicieuses en salade) et Chioggia (aux étonnants anneaux concentriques).

Les carottes

Voir p. 48.

Les oignons nouveaux

Les oignons frais sont très utiles en cuisine (en poêlée ou en salade, notamment) et prennent très peu de place. Semez-les tous les 3 cm, à 1 cm de profondeur. Ils n'exigent ensuite aucun entretien. Arrachez-les selon vos besoins.

Les blettes

Voir p. 39 et p. 56.

Les haricots mange-tout

Voir p. 34.

Les salades

Voir p. 36.

Les épinards

Voir p. 39.

La roquette

Voir p. 39.

Les radis

Voir p. 39.

Les pois gourmands et pois croquants

Les pois classiques à écosser ne sont pas très adaptés aux petits espaces, car il vous restera peu de pois une fois que vous les aurez écossés. Les pois croquants et pois gourmands (ou mange-tout) sont bien plus gratifiants en pot, puisque toute la cosse se mange. Ils sont si délicieusement sucrés que vous serez tenté de les manger crus plutôt que de les faire cuire à la vapeur ou à la poêle, avec de l'ail et du gingembre (ce qui est tout aussi savoureux).

Cultivez-les dans des pots assez grands ou dans des jardinières profondes, en les faisant grimper sur des branchages, un grillage ou de la grosse ficelle de jardin (les vrilles des pois ne parviendront pas à s'agripper sur des surfaces lisses, comme des bambous). Vous pouvez aussi les planter dans des suspensions : au lieu de grimper, les pois pendront. Citons pour les pois croquants les variétés demi-hautes Cascadia, Sugar Rae/Sugar Ann, Sugar Bon et Zuccola. Quant à Sugar Snap, il deviendra assez grand. Sweet Green/Bamby et Norli sont de bons pois gourmands nains.

Semez les graines en pot ou directement dans le sol à l'extérieur, de mars à juin, à 5 cm de profondeur et tous les 5 cm. Réservez-leur une place au soleil. Arrosez fréquemment. (Pour des pousses de pois à manger en salade, voir p. 39.)

Source d'inspiration

UN REFUGE DANS LE TUMULTE DE LA VILLE

Quand on se trouve dans ce jardinet sur toit très agréable, caché dans une petite rue, on est bien loin d'imaginer que les grandes artères du nord de Londres ne sont qu'à quelques mètres. Dominé par l'arrière des immeubles, ce charmant jardin appartient à un restaurant fondé par le Shoreditch Trust, une organisation caritative visant à réduire la pauvreté dans l'est de Londres *via* la restauration de bâtiments. Ce jardin a été créé pour prouver l'engagement du restaurant dans la protection de l'environnement et montrer aux apprentis cuisiniers du quartier comment un fruit ou un légume passe du « champ » à l'assiette. C'est aussi une source d'inspiration pour ceux qui veulent transformer un coin d'asphalte poussiéreux en une paisible oasis.

Des bacs profonds, constitués de sacs en plastique épais recouverts de bois, sont disposés sur le pourtour du toit. Au bout d'une tonnelle de haricots d'Espagne, ombragée et tachetée de fleurs écarlates, un pommier palissé en éventail profite de la chaleur des briques contre lesquelles il est adossé. Les mûres se frayent un chemin sur une canisse en bambou, tandis que des courges aux feuilles magnifiques disputent l'espace à des tomates monstrueuses, dont les fruits encore verts sont déjà très nombreux. On y trouve également du maïs, des artichauts, des fraisiers et un pot de verveine citronnelle. Ce n'est pas étonnant que John, le second du restaurant (voir p. 93), s'échappe ici dès qu'il le peut pour arroser, désherber ou simplement profiter d'un moment de répit, loin de la chaleur des fourneaux. « Cet endroit est très joli, et il y a beaucoup d'abeilles », s'enthousiasme-t-il, tout en se demandant devant chaque plante ce qu'il pourrait en faire. Il pourrait utiliser les potirons pour farcir des raviolis aux noix, les tomates pour une sauce ou une salade. Quant à la verveine citronnelle, il la destine à des sorbets ou même à une sauce béarnaise. Les haricots d'Espagne et les courgettes feront un excellent risotto, et les mûres pourront composer un dessert avec d'autres baies sauvages. John reconnaît que ce petit jardin ne suffit pas à nourrir ses clients, mais il le trouve d'une aide précieuse... et délicieuse !

10 plantes à très bon rendement

On couvre d'attention certaines plantes, mais elles ne nous offrent en retour que quelques malheureux fruits (les aubergines en sont un parfait exemple). D'autres réclament très peu de soins, mais donnent en abondance. C'est l'élite des légumes ; ils sont parfaits pour votre balcon potager et feront sensation sur votre table. Et certains d'entre eux seront peut-être si productifs qu'ils suffiront à votre consommation.

Les fèves

Les fèves constituent une récolte précoce délicieuse, qui mûrit au début de l'été et annonce les beaux jours. Ces plantes sont aussi parmi les plus belles que l'on puisse cultiver au potager : leurs fleurs noires et blanches sont ravissantes et leur parfum rivalise avec celui des pois de senteur. À condition de choisir une variété naine (par exemple, The Sutton), rien ne vous empêche de cultiver les fèves en pot.

Semez les graines d'octobre à décembre dans un carré potager, un pot ou un sac de culture, à 5 cm de profondeur et tous les 15 cm. Vous pouvez aussi les semer en mars-avril. Quand les plantes commencent à s'affaisser, tuteurez-les. Ne cueillez pas les cosses avant qu'elles n'atteignent 15 cm. Attendez-vous à un long festin de fèves ; faites-les cuire à la vapeur, puis écossez-les et savourez-les en salade tiède avec de la feta, des pommes de terre et des betteraves primeurs. Vous pouvez aussi manger les feuilles : juste cuites à la vapeur, elles ont le goût des épinards.

Les haricots d'Espagne

Un tipi de haricots d'Espagne, orné de fleurs roses ou rouges attirant les abeilles et paré de longues cosses plates, rivalise de beauté avec les fleurs d'ornement. Ce sont également des plantes très faciles, qui produisent de grandes quantités de haricots dès qu'elles ont trouvé leur rythme entre juillet et octobre. Laissez grimper leurs feuilles luxuriantes en forme de cœur sur la balustrade de votre balcon ou sur un treillis. Vous pouvez aussi fabriquer une tonnelle savoureuse de haricots (voir p. 92).

Semez les haricots d'Espagne à environ 5 cm de profondeur et tous les 5 cm, directement en place entre la mi-mai et la fin juin (dans un carré potager, un sac de culture ou un pot d'au moins 30 cm de diamètre). Faites-les grimper sur un tipi, ou placez leur pot à côté d'une structure sur laquelle ils peuvent s'accrocher. Quand les plants atteignent le sommet du support, pincez les extrémités pour favoriser le développement des pousses. Les haricots d'Espagne apprécient le plein soleil, mais seront également productifs à l'ombre. Récoltez en permanence les haricots pour stimuler la fructification.

Parmi les bonnes variétés, citons la très appréciée Painted Lady, avec ses jolies fleurs rouges et blanches, Scarlet Emperor, Enorma et Emergo. Il existe aussi des variétés naines comme Hestia, mais une variété grimpante donnera des haricots en plus grand nombre. Arrosez fréquemment les pieds et fertilisez-les tous les quinze jours à partir de la formation des cosses avec un engrais riche en potasse (engrais d'algues liquide).

Les tomates

Voir p. 30.

Facile à réaliser

UNE TONNELLE DE HARICOTS D'ESPAGNE

Les arches, tonnelles ou pergolas agrémentées de plantes grimpantes permettent d'optimiser l'espace limité d'un balcon ou d'un toit, constituent un point central au jardin et vous offrent une ombre agréablement diffuse où vous détendre. Cette structure n'est pas nécessairement lourde et permanente.
Les haricots mange-tout à rames, les courges et les concombres peuvent également grimper le long de bambous (photo ci-contre).

À FAIRE DE LA MI-MAI À LA FIN JUIN
Il vous faut :

- 2 bacs rectangulaires profonds, d'au moins 1 m de long chacun
- 11 bambous, d'au moins 2 m chacun
- Des graines de haricots d'Espagne
- De la grosse ficelle de jardin
- Du terreau universel

Comment faire ?
Remplissez les bacs de terreau universel et espacez-les d'environ 2 m. Enfoncez solidement 5 bambous, à intervalles réguliers, dans chaque pot. En montant sur une chaise ou un escabeau, attachez ensemble les extrémités des bambous pour créer 5 arches. Posez ensuite le dernier bambou au sommet, en l'attachant solidement à chaque arche, afin de bien consolider la structure. Semez les haricots au pied des bambous (pour des conseils de semis et de culture, voir p. 91).

Les courgettes

Voir p. 49.

Les blettes

Les blettes, cultivées jusqu'à maturité, sont l'un des légumes les plus productifs ; cueillez les feuilles sur le pourtour et la plante continuera à pousser pendant neuf mois. Les variétés Bright Lights, avec leurs cardes jaunes, violettes et rose vif, sont en outre très décoratives. Les blettes à cardes blanches sont relativement ternes, mais leur goût est peut-être plus fin. Faites cuire les feuilles à la vapeur comme des épinards et ajoutez une belle noix de beurre et une grosse pincée de poivre noir. Vous pouvez aussi les préparer avec une béchamel au fromage et les faire gratiner au four. Faites cuire les côtes plus longtemps (certains disent que, servies avec un beurre fondu, elles égalent les asperges), ou hachez-les et ajoutez-les aux risottos pour leur donner une couleur et une texture intéressantes. Semez les blettes dans des petits pots, à l'intérieur, en avril. Repiquez-les ensuite en mai ou juin dans un carré potager, un pot ou une jardinière, en leur réservant une situation ensoleillée et en les espaçant d'environ 20 cm.

Les pommes de terre nouvelles

Voir p. 33.

Les piments

Voir p. 50.

L'ail

L'ail est très facile à cultiver ; même sur un petit balcon, vous pouvez mettre des gousses dans quelques pots et les laisser se débrouiller toutes seules. Chaque pot vous fournira une bonne dizaine de têtes bien rebondies. Une variété de garde, comme Clédor, se récolte en juillet-août et se conservera jusqu'à l'été suivant. Une autre bonne variété de garde est l'ail classique du sud de la France, le blanc et bosselé Messidor, tandis que les succulents aulx nouveaux Thermidrome et Germidour, prêts en juin, ont une saveur fraîche et délicieuse. N'essayez pas de planter de l'ail du supermarché, car ce peut être une variété qui n'est pas adaptée à votre climat. Mieux vaut acheter des têtes d'ail en jardinerie ou chez un fournisseur spécialisé.

Plantez l'ail entre octobre et février dans des carrés potagers, des pots ou des jardinières. Divisez les têtes en gousses et enfoncez-les tous les 15 cm, la pointe vers le haut et à fleur de terre. Arrosez-les fréquemment et récoltez-les quand les feuilles commencent à jaunir. Avant d'arracher toutes les têtes, vérifiez que les gousses sont formées en creusant la terre avec précaution.

Vous pouvez manger l'ail frais, mais si vous voulez le conserver, suspendez-le dans un endroit chaud et sec pendant environ trois

semaines, jusqu'à ce que les tiges deviennent fines comme du papier. Tressez-les alors grossièrement ensemble et suspendez-les dans votre cuisine, où elles se garderont durant des mois.

Le chou frisé (ou chou kale)

Vous cueillerez les feuilles de ce chou très productif de septembre à mai. Le chou frisé est délicieux en soupe, en accompagnement, ou même revenu à la poêle lorsqu'il est croquant et parsemé de graines de courge et de parmesan. Prenez garde aux pigeons, car ils peuvent dépouiller les pieds. Cependant, utilisez un filet uniquement en dernier recours, car les oiseaux pourraient s'y piéger.

Essayez le chou frisé Noir de Toscane avec son panache de feuilles sombres et cloquées, ou Red Russian avec ses nervures rouges et dont les petites feuilles croquantes peuvent se manger en salade. Redbor a des feuilles frisées, d'une très jolie couleur pourpre.

Semez les graines dans de petits pots entre avril et juin, puis repiquez les plantules dans des carrés potagers, des pots ou des jardinières entre juin et août, en les espaçant d'environ 20 cm. Tassez bien la terre autour des plants (pour vérifier qu'elle est bien compacte, tirez sur une feuille : elle doit se casser avant que la plante ne se déracine).

Les framboises

Les framboisiers ont besoin d'un grand pot (environ 45 cm de diamètre) ; si vous pouvez satisfaire cette exigence, quelques pieds ont toute leur place sur le balcon d'un jardinier urbain. Vous serez étonné du nombre de framboises qu'ils peuvent produire et de leur texture veloutée si délicate quand vous les cueillerez à pleine maturité. Posez-les sur une meringue, incorporez-les à un muesli, ou mangez-les tout simplement à même la plante.

Plantez les pieds à l'automne, idéalement dans un terreau qui libère lentement ses nutriments (à défaut, dans un terreau universel), afin de satisfaire les besoins de ces arbustes qui resteront plusieurs années en pot. Après la plantation, paillez le terreau avec des galets, des gravillons ou tout autre paillage adapté, car les framboisiers ont des racines peu profondes et pourraient s'assécher.

Pour la culture en pot, préférez des variétés qui fructifient à l'automne, comme Autumn Bliss, Violette ou Fallgold à fruits jaunes. Dès que les baies sont formées, fertilisez les pieds tous les quinze jours avec un engrais riche en potasse (engrais d'algues liquide). Récoltez les framboises de la fin de l'été jusqu'au milieu de l'automne. À la fin de l'hiver, coupez toutes les tiges au niveau de la terre et paillez avec du compost de jardin frais ou du lombricompost.

D'autres légumes de balcon

Même si ces légumes ne sont pas aussi prolifiques que les précédents, le plaisir de les récolter vaut largement la peine qu'on les cultive.

Les poivrons

Réservez à ces plantes la situation la plus ensoleillée et la plus abritée possible, afin que leurs fruits mûrissent et se colorent de jaune ou de rouge. D'une certaine façon, les poivrons peuvent être considérés comme des plantes exotiques. Il n'est pas rare que, dans les régions où le climat est plus frais qu'en Méditerranée, un pied ne donne que deux ou trois poivrons, qui sont encore bien verts à l'automne.

Pour le semis, procédez comme pour les tomates (voir p. 30). Semez à l'intérieur en mars et placez les pots sur un rebord de fenêtre ensoleillé. Repiquez les plants à l'extérieur de la mi-mai à juin, dans un pot, un carré potager, une grande jardinière ou un sac de culture (3 pieds par sac).

Arrosez fréquemment les poivrons et fertilisez-les toutes les semaines une fois les fruits formés (avec un engrais d'algues liquide, par exemple). Comme ils peuvent devenir assez grands et fins, tuteurez-les ou attachez-les à des supports si nécessaire.

Redskin et Antohi Romanian sont de bonnes variétés pour la culture en pot.

Les aubergines

Les aubergines ont un côté merveilleusement exotique en carré potager ou en pot, avec leurs fleurs mauves et sensuelles, leurs feuilles duveteuses et, bien sûr, leur précieux trésor de fruits violets, lisses et luisants. Cependant, elles ne mûrissent pas facilement dans les régions fraîches ; pour de meilleurs résultats, choisissez une variété naine (par exemple, Orlando, Picola F1, Ophelia ou Bonica F1). Ceux qui jardinent dans des climats plus chauds peuvent opter pour la succulente Marfa F1, De Barbentane ou Violetta di Firenza, délicatement teintée de rose et de blanc.

Semez les graines à l'intérieur en mars, à ½ cm de profondeur dans des godets. Puis, de la mi-mai à juin, repiquez les plants à l'extérieur dans de grands pots ou des sacs de culture (2 par sac), que vous exposerez au soleil. Vous pouvez aussi acheter des plants en mai et les mettre directement en place. Fertilisez les pieds une fois que les fruits ont la taille d'une balle de golf, avec un engrais riche en potasse (engrais d'algues liquide). Récoltez les fruits des variétés naines quand ils font 5 à 10 cm. Les aubergines sont délicieuses en ratatouille, ou grillées au barbecue en brochettes avec du halloumi et des courgettes.

Les concombres

Plus denses et plus savoureux que les concombres gorgés d'eau du commerce, les concombres de jardin valent vraiment la peine d'être cultivés. Les variétés à fruits courts comme La Diva ou Solverde sont particulièrement adaptées à la culture en pot. Cueillez-les quand ils mesurent environ 10 cm de long. Vous pouvez les utiliser pour préparer un tzatziki, une salade grecque ou des boissons rafraîchissantes.

Achetez des plants en mai-juin, ou semez des graines à l'intérieur en avril, dans des pots de 9 cm. Lorsque tout risque de gelée sera écarté, repiquez les plants à l'extérieur dans des pots d'au moins 30 cm de diamètre ou des sacs de culture. Pincez la plante quand elle aura 5 feuilles, pour l'encourager à se ramifier. Attachez les pousses à un tipi, un treillis ou tout autre support. Les pieds de concombres ont besoin d'être amendés tous les quinze jours avec un engrais d'algues liquide ou un autre engrais riche en potasse.

Les concombres de jardin sont plus denses et plus savoureux que ceux du commerce

Source d'inspiration

AU-DESSUS DES BUREAUX, UN POTAGER VENTEUX MAIS FANTASTIQUE

La vue sur les toits de Londres s'étend jusqu'à l'horizon, tandis qu'en contrebas, le Regent's Canal dessine une ligne droite et, depuis la gare de King's Cross toute proche, les Eurostar filent vers Paris. Des oies passent à côté des choux et des blettes qui poussent dans quatre jolis carrés potagers aux bordures d'osier. Des fraisiers sont enfouis sous la neige, tandis que les bourgeons des groseilliers à maquereau et des cassissiers pointent déjà leur nez, annonçant les beaux jours. L'été, le toit foisonne de tomates, de courgettes, de salades et de haricots.
Le feuillage vaporeux des carottes dépasse d'un bac en osier et, si vous grattez un peu la terre, vous découvrirez un trésor de pommes de terre. On ne se croirait pas au-dessus d'un cabinet de conseil international, à moins de croiser les salariés qui picorent des fruits pendant leur pause ou donnent un coup de main pour mettre en terre quelques plants.

Partout, on observe des signes de gestion durable. Quatre citernes récupèrent l'eau d'un petit toit en pente (cela couvre environ 30 % des besoins en eau du jardin), tandis qu'un lombricomposteur et un composteur reçoivent les déchets de cuisine et de jardin, qui retournent dans la terre pour amender les prochaines plantations. Quant aux produits du jardin, ils sont servis dans la cantine de l'immeuble. Et ainsi, la boucle est bouclée !

De toute évidence, les plantes apprécient le généreux ensoleillement du toit. Cependant, des mesures de précaution ont été prises pour réduire les effets du vent, qui souffle souvent, et si fort que les meubles de jardin ont été enchaînés aux balustrades. Toutefois, la réglementation locale ne permet pas d'installer des brise-vent et les créateurs de ce jardin ont dû trouver une parade. Le niveau de la terre dans les bacs est assez bas pour que les cultures soient abritées par les parois ; quant aux carrés potagers, ils sont entourés d'une bordure basse en osier. Afin de protéger le terreau des effets desséchants du vent, il est paillé avec une épaisse couche de coques de cacao.

En outre, les plantes ont été choisies en tenant compte du vent. Les haricots nains se plaisent bien ici, mais il n'y a pas de variétés à rames, car elles finiraient rapidement en lambeaux. Les fraisiers, les salades et les pommes de terre, qui sont des plantes basses, se portent bien, tandis que les vigoureux framboisiers et groseilliers semblent se moquer du vent et regorgent de baies rouges juteuses. Quant au romarin et au thym, ils sont tout aussi imperturbables. Certes, il manque des plantes hautes, mais le maïs ne tiendrait que quelques minutes sur ce toit.

LES PLANTES LES PLUS ADAPTÉES AU VENT

- Herbes aromatiques : laurier, romarin, thym, sauge, persil, origan, ciboulette
- Radis
- Roquette
- Laitues
- Haricots mange-tout et d'Espagne nains
- Poireaux
- Carottes
- Oignons nouveaux
- Blettes
- Choux chinois
- Choux frisés
- Fraises
- Myrtilles
- Baies de goji
- Ail
- Olives
- Groseilles
- Groseilles à maquereau
- Framboises
- Pommes de terre

Facile à réaliser

DES IDÉES À ADOPTER POUR COMPOSER AVEC LE VENT

Les balcons et les toits sont réputés pour être exposés et venteux, à cause du manque de protection et de l'engouffrement du vent entre les hauts immeubles. C'est parfois un problème pour le jardinier, car le vent peut abîmer les plantes, retarder leur croissance et assécher le terreau. Les canisses (en bambou, en roseau ou en osier, par exemple) filtrent le vent et sont souvent plus efficaces que des écrans pleins, contre lesquels le vent bute avant de s'engouffrer violemment de l'autre côté. Des buissons persistants bien placés (buis, romarin, *elaeagnus*, graminées, etc.) ou un treillis de plantes grimpantes peuvent aussi offrir une bonne protection.

Si vous avez des carrés potagers, une bordure basse (en osier, par exemple) assurera une protection supplémentaire. Faites en sorte que le niveau du terreau dans vos pots soit plutôt bas, afin que leurs bords protègent les plantations. De plus, paillez régulièrement tous vos pots ou carrés potagers avec du compost, des coques de cacao ou un paillage naturel pour éviter l'évaporation en surface.

Facile à réaliser

UNE BONNE IDÉE : LE CARRÉ POTAGER

Pour ceux qui ont un balcon ou un toit en terrasse assez grand, un carré potager d'environ 1 m^2 et de 15 cm de profondeur est une excellente solution pour optimiser les cultures. Vous trouverez également dans le commerce une grande variété de « mini-carrés », constitués généralement de grands sacs carrés souples et légers, parfaits pour tirer le meilleur parti d'un petit espace (photo de gauche). Avant d'installer un gros carré, consultez un ingénieur structure qui vous conseillera pour le placement des charges lourdes ou vous indiquera si le toit doit être renforcé.

Il est assez simple de fabriquer un carré en clouant des planches, mais, pour plus de facilité, vous pouvez acheter l'un des nombreux kits du commerce. On trouve des structures toutes simples, sans fond, carrées ou rectangulaires, qu'il suffit de poser sur le sol. Les carrés en plastique, par exemple, sont légers et faciles à monter en quelques minutes, sans aucun outil. De plus, comme ils sont modulables, vous pouvez aisément ajouter un niveau supplémentaire si vous souhaitez un carré plus profond (et si le poids le permet). Vous pouvez acheter un filet ou un voile pour protéger vos plantes des insectes et du froid.

Avant d'installer votre carré, vérifiez que le sol est bien imperméable et qu'il est en légère pente. Tous les balcons et toits bien conçus (même les plats) sont légèrement inclinés pour faciliter l'évacuation des eaux de pluie. Veillez à ne pas entraver leur écoulement. Pour améliorer le drainage de votre carré, achetez des grilles métalliques (en magasin de bricolage) et posez-les sous le carré, à même le sol. Cette surélévation du terreau facilitera l'évacuation de l'eau. Déposez sur la grille un tissu poreux, comme un film de paillage ou un feutre végétal (parfois, les mini-kits de carrés en sont équipés), pour empêcher le terreau de tomber dans le grillage ou sur le sol. Cela permettra de garder le sol propre tout en protégeant le toit.

Que planter dans un carré potager ?

Pour un carré de 15 cm de profondeur :

- Laitues et autres salades
- Fraises
- Haricots mange-tout nains et à rames
- Haricots d'Espagne
- Carottes rondes
- Ail
- Oignons, échalotes
- Courgettes
- Tomates à port retombant
- Légumes-feuilles asiatiques : mizuna, mibuna, tatsoi
- Pois
- Radis
- Épinards
- Basilic, ciboulette, coriandre, cerfeuil, aneth, origan, menthe, thym
- Fleurs comestibles : capucines, soucis, violettes, pensées sauvages...

Pour un carré de 20 cm de profondeur :

- Tomates à port déterminé et à tuteurer
- Fèves
- Choux frisés
- Choux pommés
- Aubergines
- Blettes
- Courges
- Potirons
- Concombres
- Fenouil
- Poireaux
- Panais
- Poivrons
- Piments
- Navets
- Melons
- Romarin, sauge, estragon, persil

Pour un carré de 30 cm de profondeur :

- Pommes de terre
- Maïs
- Betteraves
- Carottes
- Rhubarbe
- Arbres fruitiers
- Kiwis
- Cassis
- Framboises
- Groseilles rouges et blanches
- Groseilles à maquereau
- Myrtilles
- Laurier

Quel terreau pour les carrés potagers ?

Le poids étant un problème pour un jardin de balcon, il vaut mieux éviter les terreaux à base de terre, qui sont plus lourds. Préférez un terreau universel de bonne qualité, paillé avec des coques de cacao ou des paillettes de lin pour préserver l'humidité autant que possible. Afin d'entretenir la fertilité du terreau, amendez les plantes au fur et à mesure de leur croissance et ajoutez au moins une fois par an une épaisse couche de matière organique (compost de jardin, compost de champignons, lombricompost et/ou fumier bien décomposé). Enrichissez le sol avec un peu de matière organique chaque fois que vous enlevez une plante.

Les plantes qui peuvent supporter la sécheresse

Si vous ne disposez pas d'un robinet sur votre balcon, ou d'un accès facile à un robinet situé à l'intérieur, l'arrosage de vos plantes deviendra vite une corvée. Traverser plusieurs fois votre appartement, un arrosoir plein à la main, n'est pas une partie de plaisir. Vous pouvez installer un récupérateur d'eau de pluie pour remplir facilement votre arrosoir. Des seaux et de grands récipients peu profonds laissés à l'extérieur collecteront également l'eau de pluie. Mais si vous n'avez pas d'accès pratique à un point d'eau, mieux vaut éviter les cultures gourmandes en eau (pommes de terre, fraisiers, tomates, aubergines, poivrons, concombres, figuiers, courgettes, framboisiers), car elles ont besoin d'un arrosage quotidien par temps chaud. Les plantes ci-dessous tolèrent la sécheresse quand elles sont bien établies, mais devront être copieusement arrosées au moment de la plantation ou du semis.

Les plantes les moins gourmandes en eau

- Betteraves
- Carottes
- Épinards
- Blettes
- Choux frisés
- Oignons nouveaux
- Pois
- Ail
- Olives
- Maïs
- Artichauts
- Baies de goji
- Fleurs comestibles : capucines, soucis, violettes, pensées sauvages...
- Coquerets du Pérou (ci-contre)
- Herbes aromatiques : laurier, romarin, thym, sauge, origan, verveine citronnelle, fenouil bronze

Les plantes adéquates pour un balcon à l'ombre

Tous les balcons ne sont pas inondés de soleil huit heures par jour ; certains sont cernés par de hauts immeubles et sont à l'ombre la majorité du temps, et presque tous ont un petit coin d'ombre. Quelle plante se plaira donc dans ces conditions ? De manière générale, les légumes-fruits ont besoin de soleil, alors que les légumes-feuilles supportent assez bien l'ombre. Certaines plantes, comme la menthe et l'oseille, préfèrent même une situation ombragée. Toutes les cultures suivantes se plairont bien à l'ombre.

Les plantes d'ombre

- Salades
- Haricots d'Espagne
- Mûres (à droite)
- Groseilles
- Cassis
- Groseilles à maquereau
- Roquette (ci-dessous)
- Framboises
- Tayberries
- Oseille
- Pois (ci-contre)
- Betteraves
- Radis
- Blettes
- Épinards
- Persil, coriandre
- Griottes
- Prunes Victoria

Les arbres fruitiers

Rien ne transforme autant un toit en un paradis verdoyant qu'un verger en pots, surtout lorsque les arbres sont en fleurs, bourdonnants d'abeilles ou chargés de fruits. Même si votre balcon est minuscule, cela vaut vraiment la peine d'y mettre un arbre fruitier. Que ce soit un simple poirier colonnaire ou des pêchers, abricotiers, pruniers et pommiers palissés en éventail, les fruitiers structurent un jardin de balcon ou de toit et lui confèrent une certaine noblesse.

De plus, les fruitiers ont quelque chose à offrir tout au long de l'année : une jolie silhouette en hiver, une profusion de fleurs au printemps, de l'ombre et une protection pour les autres plantes, sans oublier leurs fruits gorgés de soleil, d'autant plus savoureux qu'il s'agit de votre propre production.

Quels arbres choisir ?

Les arbres fruitiers se plaisent bien en pot, à condition d'avoir un porte-greffe nanifiant (en cas de doute, demandez conseil au pépiniériste pour sélectionner un arbre adapté à votre jardin). Optez pour des arbres plein-vent classiques ou pour des arbres formés, que vous installerez contre un mur pour qu'ils profitent de la chaleur emmagasinée par ce dernier. En outre, ils sont souvent plus productifs que les fruitiers plein-vent.

La forme la plus facile, y compris pour le plus minuscule des balcons, est le port colonnaire (ou cordon vertical). Avec leur tige droite unique qui peut mesurer jusqu'à 1,8 m, ils prennent peu de place. Leurs branches latérales, courtes et fructifères, doivent être légèrement taillées l'été. Les palmettes en U sont aussi séduisantes, avec leurs deux branches verticales croulant sous les fruits, tandis que les palmettes en U double sont plus décoratives.

Si vous avez beaucoup d'espace sur les murs de votre terrasse ou balcon, les palmettes obliques sont particulièrement jolies. Les branches s'étalent sur le mur et absorbent la chaleur du bâtiment pour produire des fruits exquis (prévoyez une envergure horizontale d'environ 1,8 m par arbre). Figuiers, pêchers, abricotiers, cerisiers et pruniers s'adaptent très bien à cette forme. D'autres fruitiers, comme les pommiers et les poiriers, peuvent être palissés en espalier, avec un tronc vertical et des branches horizontales, ou même en palmette en U double.

Pour les palmettes obliques et les espaliers, fixez sur le mur des câbles horizontaux ou utilisez votre balustrade comme support. Vous pouvez donner vous-même une forme à ces arbres, mais il est beaucoup plus facile de les acheter déjà formés. Leur prix est plus élevé, mais comme ils vont donner pendant des années, cela vaut la peine d'investir un peu plus au début.

Demandez toujours au pépiniériste si plusieurs pieds sont nécessaires pour une bonne pollinisation. Certains fruitiers (cerisiers, abricotiers, pêchers, par exemple) s'autofécondent ; un seul arbre suffit donc pour avoir des fruits. D'autres, comme certains pommiers et poiriers, ont besoin d'un autre pied à proximité pour être fécondés. Si vous ne pouvez installer qu'un seul pied, optez pour un arbre sur lequel trois variétés ont été greffées.

Les 10 meilleurs fruitiers pour un verger de balcon

Les pommiers
Ces arbres incontournables peuvent être cultivés en buisson sur un porte-greffe nanifiant, ou en espalier, en colonne, en U ou en U double. Parmi les délicieuses variétés à couteau, citons Red Merylinn, Reine des Reinettes et Harmonie qui sont toutes auto-fertiles. Vous pouvez aussi essayer Ballerina Polka, James Grieve, Pearmain d'hiver ou Cox's Orange Pippin. Bramley'seedling, Newton Wonder et Madeleine Blanche sont de bonnes variétés à cuire. Ou bien choisissez un porte-greffe avec trois variétés, idéal pour les petits espaces.

Les poiriers
Comme les poiriers fleurissent tôt, leur fructification peut être compromise par les gelées tardives. Par précaution, recouvrez les branches d'un voile si elles sont en fleur et que des gelées sont annoncées. Les poiriers peuvent être cultivés en buisson sur un porte-greffe nanifiant, ou en cordon, en espalier, en colonne, en U ou en U double. Beurré Hardy, Concorde et Doyenné du Comice sont de bonnes variétés à couteau. Comme pour les pommiers, il est intéressant d'opter pour des arbres sur lesquels trois variétés ont été greffées.

Les cerisiers
Les cerisiers étant auto-fertiles, un pied vous suffira pour profiter d'une belle récolte... si vous parvenez à éloigner les oiseaux (vous devrez peut-être installer un filet quand les fruits seront mûrs). Une fois bien établi, votre arbre vous donnera de belles fleurs et de nombreux fruits. Cultivez les cerisiers en buisson sur un porte-greffe nanifiant, en colonne ou en palmette oblique contre un mur chaud. Parmi les bonnes variétés, citons Stella et Sunburst. Si votre mur est ombragé et exposé au nord, un griottier ou un cerisier aigre s'épanouira en palmette oblique et donnera des cerises acidulées, excellentes cuites.

Les pruniers
Très faciles à cultiver, demandant peu de soins et auto-fertiles, les pruniers produisent une récolte abondante. Ils nécessitent une taille minimale, qui doit être réalisée l'été pour éviter les maladies cryptogamiques. Leur seule exigence est que vous éclaircissiez les fruits en formation ; en effet, les pruniers ont tendance à produire beaucoup de prunes une année et plus rien les années suivantes. Éclaircissez les prunes au milieu de l'été en n'en gardant qu'une tous les 5 cm environ. Cultivez les pruniers en buisson sur un porte-greffe nanifiant ou en palmette oblique. Victoria donne de nombreux fruits, même à l'ombre.

Les pêchers et abricotiers
Lorsque vous aurez goûté aux pêches ou abricots de votre arbre, vous n'aurez qu'une envie : renouveler l'expérience ! Comme pour tous les fruitiers en pot, achetez un arbre avec un porte-greffe nanifiant adapté. Bonanza est un bon pêcher nain. Essayez Pavie ou Garden Aprigold pour les abricotiers nains. Vous pouvez cultiver ces arbres en palmette oblique ou sans support, auquel cas une taille minimale suffira.

Les pêchers et les abricotiers sont rustiques, mais comme ils fleurissent tôt au printemps, les fleurs peuvent être brûlées par le gel. Rentrez l'arbre s'il est en fleur et que des gelées sont prévues, ou recouvrez-le d'un voile s'il est palissé contre un mur. Ces fruitiers sont auto-fertiles, mais si vous voulez une belle récolte, aidez-les pour la pollinisation : lorsque les fleurs sont écloses, tamponnez doucement le pollen avec une brosse souple et frottez-la sur la fleur d'à côté. La cloque du pêcher est une maladie courante et sérieuse ; aussi, préférez une variété résistant à cette maladie.

Les figuiers
Cultivez les figuiers en palmette oblique ou de manière classique. (Voir p. 123.)

Les oliviers
Voir p. 122.

Les citronniers
Voir p. 125.

Les calamondins
Voir p. 124.

La plantation et l'entretien des arbres fruitiers

Vous pouvez planter des arbres fruitiers dans un pot d'au moins 30 cm de diamètre et 30 cm de profondeur. Insolites et élégantes, les poubelles galvanisées sont idéales (vous pouvez en trouver à bon marché en quincaillerie). Vous pouvez aussi opter pour des tonneaux coupés en deux ou des pots en terre cuite (plus lourds), ou pour des contenants très légers comme des bacs en plastique ou des baquets en caoutchouc. Tous les pots doivent être percés dans le fond et être fixés, car un arbre fruitier en feuilles peut aisément être renversé par le vent. Comme les fruitiers vivront de nombreuses années, il est préférable de les planter dans un terreau qui libère lentement ses nutriments. Pour obtenir des récoltes généreuses et sucrées, placez-les au soleil.

Arrosez fréquemment les arbres fruitiers en pot et fertilisez-les tous les quinze jours à partir de la floraison jusqu'au milieu de l'automne, avec un engrais riche en potasse (par exemple, un engrais d'algues liquide). Il est recommandé de pailler le terreau (avec des galets ou des coques de cacao par exemple) pour garder l'humidité. La meilleure période pour planter les fruitiers est la saison dormante, de mi-octobre à fin avril. Toutefois, vous pouvez acheter des arbres en pot toute l'année. La taille nécessaire varie selon la forme et le type d'arbre fruitier (lors de votre achat, demandez conseil au pépiniériste).

Un jardin hautement durable

Petit jardin de ville et approche durable ne sont pas incompatibles.

En récupérant l'eau de pluie, en faisant du compost ou même en pratiquant l'apiculture, vous pouvez aménager un petit havre écologique et indépendant, qui non seulement vous fournira des fruits et légumes, mais sera également bénéfique pour l'environnement.

Installez un lombricomposteur

Vous avez sans doute la place pour un lombricomposteur sur votre balcon. Il vous permettra de transformer vos épluchures de carottes et vos trognons de pommes en engrais pour vos plantations.

Les lombricomposteurs sont savamment conçus : des vers de fumier rouges (différents de ceux que l'on trouve habituellement dans la terre) dévorent vos déchets de cuisine et produisent un compost fertile ainsi qu'un liquide nutritif avec lequel vous pouvez amender vos plantes après dilution (1 mesure de thé de compost pour 10 mesures d'eau).

Les lombricomposteurs possèdent plusieurs avantages par rapport aux composteurs traditionnels : ils sont moins encombrants, les déchets sont décomposés bien plus rapidement et ils ne doivent pas être obligatoirement posés sur le sol, puisque le thé produit peut facilement être récupéré à l'aide d'un robinet. Vous pouvez y jeter des légumes crus et cuits, du pain, des gâteaux, des pâtes et plein d'autres déchets de cuisine (mais pas de viande, ni de poisson), ce qui permet de réduire considérablement le poids de votre poubelle. Vous diminuerez également votre volume de déchets à recycler, car un tiers de ce que vous y jetterez doit idéalement être constitué de carton ou de papier déchiqueté.

Incorporez une ou deux poignées de ce compost très riche à votre terreau de plantation habituel. Il est également très efficace en paillage : déposez-en une couche de 5 cm au pied des plantes gourmandes. Vous pouvez aussi vous en servir pour revitaliser un terreau quand vous replantez des plantes dans un pot.

Récupérez l'eau de pluie

En collectant l'eau de pluie dans des citernes et en l'utilisant pour arroser vos plantes, vous réduisez la pression sur les égouts de votre ville. Mais c'est également un avantage pour vous : il est beaucoup plus facile de remplir un arrosoir à partir d'une citerne dans votre jardin que de tirer un tuyau depuis votre salle de bains.

Il est très simple d'installer un récupérateur sur un tuyau de descente. Vous trouverez dans le commerce des kits tout prêts avec des accessoires d'installation. Si votre tuyau est en métal, vous pouvez avoir besoin d'un professionnel, mais s'il est en plastique, vous pouvez le découper vous-même avec une scie à métaux. Bien sûr, si vous vivez dans une résidence ou que vous êtes locataire, demandez l'autorisation au propriétaire.

Si le poids d'un récupérateur d'eau de pluie vous inquiète, gardez à l'esprit que 1 l d'eau pèse 1 kg.

Une vraie ruche sur votre toit

« Je suis fasciné par tout ce qui se passe à l'intérieur d'une ruche. C'est un petit miracle là-dedans et c'est ce qui me plaît », raconte Luke Dixon, qui possède des ruches sur des toits en plein centre de Londres.

Lieu sûr, loin des prédateurs et à quelques battements d'ailes des parcs, balcons et jardinets fleuris, un toit présente tant d'avantages pour l'apiculture que c'est surprenant de ne pas trouver plus de ruches en ville. C'est sûrement un tort, car les abeilles sont en danger dans le monde entier. Selon l'Association internationale de recherche sur l'abeille, la moitié de la population des abeilles du Royaume-Uni et des États-Unis a disparu depuis les années 1940, principalement à cause d'une maladie fongique, de la destruction de leur habitat et de l'invasion de parasites. Plus récemment, le syndrome d'effondrement des colonies s'est ajouté à ces problèmes, décimant davantage la population mondiale. En 2008, 35 % des 13,6 millions d'abeilles présentes en Europe sont mortes à cause de ce syndrome ; entre 2007 et 2008, 35 % des abeilles américaines ont été anéanties. C'est problématique, car, indépendamment du miel qu'elles produisent, les abeilles sont essentielles à l'avenir de notre planète. On estime qu'un tiers de nos aliments proviennent de plantes pollinisées par les insectes, essentiellement les abeilles.

Toutes les actions menées pour accroître la population d'abeilles sont donc utiles. Ainsi, certaines grandes villes ont récemment décidé de relever ce défi. À Paris, des ruches ont été installées sur la verrière du Grand Palais, sur le dôme du XIXe siècle de l'Opéra Garnier et sur le toit du moderne Opéra Bastille. À Londres, le toit du Royal Festival Hall accueille également des ruches, alors que le grand magasin de luxe *Fortnum & Mason* s'enorgueillit de ses ruches stylisées avec ses arches gothiques, romanes, chinoises ou mogholes. Berlin, Tokyo et Washington voient également fleurir l'apiculture. Il y a encore peu, la ville de New York considérait les abeilles comme des insectes venimeux et l'apiculture était passible d'une amende de 2 000 $. Les apiculteurs de Manhattan étaient donc obligés de faire passer leurs ruches pour des climatiseurs ou des cheminées et œuvraient clandestinement. Cette interdiction n'étant plus en vigueur, on peut s'attendre à ce que les toits new-yorkais bourdonnent d'ici quelques années.

Un plaisir sucré récompense chaque apiculteur. Le miel urbain est généralement beaucoup plus savoureux que le miel de campagne, en raison de la richesse de la flore urbaine (parcs, jardins, balcons…). À la campagne, il arrive que les abeilles se nourrissent uniquement de colza, d'où un miel plus fade. Les personnes atteintes de rhume des foins peuvent aussi s'essayer à l'apiculture : en effet, le fait de manger une cuillerée de miel local par jour introduirait des pollens locaux dans l'organisme, réduisant ainsi les allergies.

Ce qu'il faut savoir

Espace Prévoyez l'encombrement d'une ruche (60 cm²), plus de l'espace pour vous affairer autour (pour enlever les hausses et les rempiler sur le sol, ainsi que pour contrôler l'essaim, la reine et le miel). Le devant de la ruche doit toujours être dos à votre habitation. Veillez à ce qu'il y ait au moins 30 cm entre le devant de la ruche et tout obstacle plein (comme un mur), afin que les abeilles aient suffisamment d'espace pour s'envoler.

Coût Comptez 200 à 300 € pour acquérir une ruche et des abeilles. Vous aurez besoin d'un enfumoir et de vêtements de protection (soit une tenue d'apiculteur intégrale, soit un chapeau et un voile). Vous pouvez en trouver d'occasion – et des gants de vaisselle peuvent très bien faire l'affaire. Vous pouvez aussi emprunter le matériel d'extraction du miel.

Temps L'apiculture vous prendra environ 2 heures par semaine et par ruche en été, moins en hiver.

Récolte Vous récolterez peu de miel la première année ; ensuite, selon les abeilles, la météo et le lieu, vous pouvez espérer 50 à 100 pots par ruche et par an. Le miel se récolte généralement une à deux fois par an.

Sécurité Attachez les ruches à la balustrade ou à un autre support avec un tendeur ou une corde solide pour qu'elles ne soient pas emportées par le vent.

Maladies C'est le problème majeur de nos jours et vous devez faire très attention à ce que vos abeilles restent en bonne santé. Adhérez à une association locale d'apiculture pour obtenir plus d'informations.

Soutien Avant de vous lancer, mieux vaut suivre une formation ou rejoindre une association d'apiculture, qui vous apporteront aide et conseils.

Certains l'aiment chaud

L'un des avantages avec les jardins de balcon ou de toit, c'est que vous pouvez donner libre cours à vos envies. Si vous ne supportez plus la grisaille de la ville, installez des plantes qui vous rappellent une région ensoleillée, comme une plage tropicale paradisiaque ou un coteau méditerranéen.

Le balcon méditerranéen

Un jardin de balcon peut facilement devenir un lieu d'évasion. Les balcons et les toits peuvent subir de grandes métamorphoses et vous serez surpris de constater que quelques plantes suffisent à créer une atmosphère ensoleillée. Il est difficile de transformer un jardinet ordinaire, clos par des panneaux de bois et donnant sur le fil à linge du voisin, en un lieu méridional, mais un balcon ou un toit est comme une page blanche. Après tout, c'est déjà un univers isolé du monde en contrebas ; alors pourquoi ne pas faire les choses en grand et créer le jardin de vos rêves, un vrai jardin du Sud ?

Entourez-vous de l'arôme des fleurs d'oranger ; tranchez vos propres citrons pour parfumer vos gin tonic. Avec un peu de chance, vous pourrez même savourer les olives de votre récolte. Certaines plantes sont très faciles à cultiver, alors que d'autres, comme les agrumes, sont plus délicates. Mais vous pouvez sans trop d'efforts faire de votre balcon un jardin luxuriant.

Si vous voulez récréer une atmosphère méditerranéenne, peignez les murs en blanc ou en ocre et procurez-vous des pots en terre cuite ou en terre vernissée. Choisissez des lauriers-roses, des géraniums, des lavandes, des hibiscus ou des boules de buis bien taillées. Vous pouvez aussi mettre l'accent sur le thème de l'évasion en ajoutant de magnifiques plantes d'agrément originaires des pays tropicaux : des bambous, des fougères arborescentes, des plantes grasses (par exemple, le magnifique et piquant agave du Mexique) ou des palmiers – le palmier des Canaries, le palmier chanvre et le cycas du Japon se plairont tous en pot sur un balcon.

Les 5 meilleures plantes méditerranéennes

Si vous voulez donner un air du Sud à votre toit ou votre balcon, optez pour ces fruits savoureux.

Les olives

Les oliviers (*Olea europaea*), avec leur tronc noueux et leurs feuilles pointues argentées, évoquent la Méditerranée et appellent instantanément des images de coteaux italiens ou de bosquets grecs. Pourtant, ils résistent très bien à des climats plus frais et peuvent s'épanouir sur un balcon ou un toit, même dans le nord de l'Europe, en profitant du microclimat tempéré de la ville.

Les oliviers sont beaux et tendance – connaissez-vous une personne branchée qui n'ait pas d'olivier sur son balcon ? Résistants au vent et demandant peu de soins, ils peuvent rester dans le même pot plusieurs années et ont besoin d'une taille légère. Si vous avez de la chance, vous pourrez même avoir des olives.

Un olivier classique de deux ans est un bon choix pour un balcon et coûtera relativement peu cher. Mais vous pouvez très bien opter pour un olivier plus âgé. Plantez-le dans un endroit ensoleillé et abrité, idéalement dans un mélange pour moitié de terreau universel et de terreau à base de terre. Taillez-le légèrement en mars pour lui donner une forme, ou plus sévèrement en avril-mai. Fertilisez votre olivier tous les quinze jours avec un engrais d'algues liquide de mai à septembre. Rempotez-le tous les trois ou quatre ans au printemps, dans un pot légèrement plus grand (les oliviers aiment que leurs racines soient dans un espace restreint).

Les oliviers sont étonnamment rustiques ; ils peuvent supporter régulièrement des températures de – 3 °C la nuit, voire exceptionnellement jusqu'à – 7 °C. Si la température descend en dessous, protégez votre arbre avec plusieurs épaisseurs de voile d'hivernage et le pot avec du papier bulle pour éviter que les racines ne gèlent.

Facile à réaliser

Des olives cassées maison

Si vous avez la chance d'avoir une bonne récolte d'olives, pourquoi ne pas essayer de les mettre en saumure pour le plaisir de vos papilles ? Cette préparation dure toutefois deux semaines ; elle est donc déconseillée aux impatients.

À FAIRE EN SEPTEMBRE-OCTOBRE, QUAND LES FRUITS SONT MÛRS

Il vous faut :

- Des olives
- 1 grand récipient
- Du sel
- Du vinaigre blanc
- De l'ail, des tranches de citron ou des herbes aromatiques comme de l'origan ou du romarin (facultatif)
- De l'huile d'olive
- Des bocaux hermétiques pour la conservation

Comment faire ?

Rincez les olives à l'eau et égouttez-les. Battez-les sur une planche à découper avec un rouleau à pâtisserie, jusqu'à ce qu'elles se fendent, sans toutefois se dénoyauter. Mettez les olives dans un grand récipient et recouvrez-les d'eau froide (pour qu'elles soient toutes immergées, tassez-les avec une assiette par exemple). Laissez reposer 24 heures. Égouttez les olives, puis recouvrez-les à nouveau d'eau froide. Répétez cette opération durant 10 à 14 jours.

Passé ce délai, préparez la saumure : pour 1 kg d'olives, mélangez 1 l d'eau avec 100 g de sel. Laissez tremper les olives 2 jours. Après les avoir égouttées, faites-les tremper dans un mélange composé de 80 % de vinaigre et de 20 % d'eau. Vous pouvez parfumer avec de l'ail, des tranches de citron ou des plantes aromatiques. Versez dans des bocaux. Recouvrez d'huile d'olive, en immergeant bien toutes les olives et fermez hermétiquement. Puis placez au réfrigérateur pendant 2 jours, avant de déguster (enfin !) vos olives maison. Elles se garderont plusieurs mois au réfrigérateur.

Les figues

Un figuier en pot palissé en éventail est majestueux dans un jardin suspendu. Ses grandes feuilles libèrent un envoûtant parfum de figue, surtout par temps chaud. Quant aux fruits, ils grossissent tout l'été jusqu'à se craqueler et révéler leur chair sombre, sucrée et savoureuse. Les figuiers sont parfaits pour la culture en pot, car ils aiment que leurs racines soient confinées et sont faciles à palisser en éventail contre un mur chaud.

Pour vous assurer une récolte sous un climat frais, enveloppez les jeunes fruits de papier bulle pendant l'hiver (sans trop serrer afin que l'air puisse circuler de chaque côté). À l'automne, ôtez les fruits plus gros qu'un petit pois. Au début de l'été, pincez les pousses pour ne garder que cinq feuilles par branche.

Brown Turkey est une bonne variété avec des fruits délicieux à la chair violette. Brunswick et Pastilière sont également des variétés intéressantes. Plantez le figuier dans du terreau universel ou à base de terre dans un pot d'au moins 45 cm de diamètre. Placez-le dans un endroit ensoleillé et abrité. Arrosez-le fréquemment et amendez-le toutes les deux semaines en période de croissance avec un engrais d'algues liquide.

De culture facile, le calamondin est un excellent choix pour le débutant

Les agrumes

Les agrumes apportent de l'exotisme et du prestige à n'importe quel jardin de balcon. Leur feuillage embellit le paysage urbain et dégage un merveilleux parfum citronné quand on le frotte, mais ce n'est rien comparé à celui des fleurs. Ces dernières éclosent toute l'année et sont donc présentes sur l'arbre aux côtés des fruits mûrs. Une situation chaude et ensoleillée est nécessaire pour que les fruits mûrissent.

Facile à réaliser

De la confiture de calamondin

Pour 1 pot

- 150 g de calamondins
- 50 cl d'eau
- 200 g de sucre

Stérilisez le pot : pour cela, lavez-le à l'eau chaude et savonneuse, rincez-le et placez-le à l'envers dans un four doux à 150 °C (th. 5) pendant au moins ½ heure. Lavez les calamondins, puis coupez-les en deux et ôtez les pépins. Tranchez-les finement, avec leur peau. Mettez-les dans une casserole, ajoutez l'eau et laissez bouillir durant ¼ heure (sans couvrir). Retirez du feu, couvrez et laissez macérer toute la nuit.

Le lendemain, ajoutez le sucre et faites bouillir à gros bouillons pendant environ ½ heure. Pour savoir si la confiture est prête, déposez une goutte sur une assiette froide : elle doit se figer. Versez la confiture dans le pot stérilisé.

Quel agrume choisir ?

AGRUME FACILE D'ENTRETIEN :

Le calamondin (*Citrofortunella microcarpa*) est peut-être l'agrume à privilégier par les jardiniers en herbe. Cet arbre aux feuilles vernissées produit constamment des fleurs au parfum intense. Ses petits fruits ronds sont trop acides pour être mangés crus, mais sont délicieusement acidulés en confiture. Vous pouvez aussi en plonger un quartier dans une boisson fraîche. Cependant, le plus grand avantage des calamondins est d'être le seul agrume à pouvoir passer l'hiver dans une pièce chauffée – vous pouvez même le garder à l'intérieur toute l'année.

AGRUMES RÉSISTANT À DES CLIMATS PLUS FRAIS, AVEC DES GELÉES FRÉQUENTES :

Le citronnier épineux (*Poncirus trifoliata*) est extrêmement rustique ; il peut supporter de courtes périodes de gelées sans protection. Cet agrume arrêtera de pousser à des températures inférieures à 12 °C et perdra ses feuilles, mais de nouvelles pousses apparaîtront au printemps. Adossez-le de préférence contre un mur exposé au sud. Les fleurs apparaissent au printemps et transforment ce buisson en un nuage parfumé de fleurs blanches. Prenez garde cependant à ses longues épines. Ses fruits, trop amers pour être consommés crus, donneront une confiture acidulée.

Le kumquat est un autre agrume intéressant pour le jardinier débutant. Il peut passer l'hiver à l'extérieur et supporte de brèves vagues de froid. Cette plante, très jolie en pot, donne une multitude de petits fruits orange et ovales que vous pouvez manger avec la peau. Nagami est une variété résistante et productive.

Le citronnier Meyer est un croisement entre un citronnier et un oranger. Cet arbre compact produit des citrons sucrés exquis. Ses fleurs étoilées d'un blanc immaculé naissent en même temps que les fruits. Cette variété peut supporter des gelées occasionnelles ; si le climat est plus froid, il est conseillé de le rentrer pendant l'hiver (voir ci-après).

AGRUMES CRAIGNANT LES GELÉES :

Si vous vivez dans une région épargnée par les gelées, vous pouvez cultiver un **mandarinier**, un **mandarinier satsuma**, un **clémentinier**, un **citronnier**, un **oranger**, un **limettier** ou un **pamplemoussier**. Si le climat de votre région est frais mais que vous tenez à faire pousser l'un de ces agrumes sensibles au gel, placez-le dans une pièce fraîche (5 °C à 12 °C) et lumineuse d'octobre à avril. Si cela n'est pas possible, rentrez l'arbre dans la pièce la plus fraîche et la plus lumineuse que vous ayez, mettez-le à côté d'une fenêtre et arrosez-le au minimum.
Les agrumes peuvent perdre leurs feuilles et leurs fruits à l'intérieur, mais leurs feuilles réapparaissent en principe l'année suivante.

L'ENTRETIEN DES AGRUMES :

Plantez les agrumes dans un terreau à base de terre bien drainé. Pour cela, ajoutez 20 % de gravillons. Cela ne les dérange pas d'être à l'étroit ; un arbre de cinq ans peut très bien se plaire dans un pot de 30 cm de diamètre. Réservez-leur une situation ensoleillée et abritée.

Fertilisez ces arbres avec un engrais pour agrumes (il existe différents engrais pour l'hiver et l'été). Pour l'arrosage, préférez l'eau de pluie à l'eau du robinet. Les agrumes apprécient une atmosphère humide autour de leurs feuilles, aussi vaporisez-les de temps en temps et essuyez-les pour enlever la poussière et maintenir leurs feuilles luisantes. Taillez légèrement les agrumes pour enlever les branches mortes et leur donner une jolie forme.

Le raisin

Existe-t-il plaisir plus délectable que d'être dans un transat sur son balcon par une après-midi ensoleillée et de tendre la main pour attraper une grappe de raisin ? Il n'y a aucune raison de ne pas cultiver la vigne dans votre jardin suspendu. Mangez les raisins frais ou préparez-vous un jus énergétique pour bien commencer la journée. Les variétés Seyval Blanc, Sieger et Alphonse Lavallée sont toutes de bons choix, y compris pour les régions fraîches. Brandt se pare de jolies feuilles pourpres à l'automne.

Il vous faudra un grand pot de terreau pour votre vigne (environ 45 cm de diamètre et de profondeur). Placez-le dans un endroit ensoleillé et abrité. Le plus simple est de cultiver une vigne en pot de manière classique, avec un tronc central unique et des branches regroupées sur le haut.

Une fois votre vigne plantée, attachez la tige principale à un tuteur enfoncé au centre du pot. Durant les deux premières années, laissez pousser les branches latérales, sans les tailler. Puis, lors du troisième hiver, coupez toutes les branches latérales, en n'en gardant que cinq ou six. Taillez les branches restantes à cinq yeux. Au début de l'été, rabattez les pousses qui se développent à partir de ces branches, en conservant deux feuilles après les jeunes fleurs ou les grappes en formation. Au cours de l'hiver, coupez les branches latérales en ne gardant que deux yeux. Procédez à ces tailles tous les ans.

Les coquerets du Pérou

Les fruits lisses et ronds de cette plante originaire d'Amérique du Sud (*Physalis edulis*) ressemblent à de petites oranges. Mais, en réalité, elle appartient à la même famille que la tomate et a un goût similaire. C'est une jolie plante buissonnante aux feuilles en forme de cœur et aux fleurs jaune clair et marron. Elle est très belle au début de l'automne lorsque les membranes enveloppant les fruits brunissent et deviennent fines comme du papier, telles de petites lanternes.

Achetez des plants ou semez des graines dans de petits pots, à l'intérieur, en mars. Repiquez les jeunes plants après la mi-mai dans un plus grand pot (au moins 30 cm de diamètre) ou dans un sac de culture. Placez les coquerets dans un endroit ensoleillé et abrité. Une fois les fruits formés, fertilisez les pieds tous les quinze jours avec un engrais riche en potasse. Quand la plante fait environ 30 cm, pincez l'extrémité pour encourager le développement de pousses fructifères et attachez-les à un treillis ou à votre balustrade. Vous pouvez manger les fruits crus ou en faire une délicieuse confiture. Les variétés naines, comme Aunt Molly ou Goldie, sont idéales pour la culture en pot. Les gelées leur seront fatales, aussi rentrez-les l'hiver dans une pièce fraîche et claire.

Source d'inspiration

UN PARADIS TROPICAL AU MILIEU DES CARGOS

Victoria Dock, à Bombay en Inde, n'est pas un quartier réputé pour ses jardins. Dans cette zone industrielle animée, d'énormes cargos prennent leur chargement, les voies ferrées et les routes s'entrecroisent et des camions circulent avec fracas. C'est un paysage aride, où l'on ne voit à l'horizon que des grues et des immeubles de bureaux sans intérêt. Mais une perle rare se cache parmi toute cette poussière industrielle : au-dessus d'une cantine de dockers, se trouve une jungle de plantes potagères exotiques, une oasis d'arbres fruitiers, d'herbes aromatiques et de fruits tropicaux (bananes, ananas, noix de coco...).

Créé par l'intendante de la cantine, Preeti Patil (ci-dessus), ce jardin de toit est un exemple de débrouillardise et de recyclage. Les légumes sont cultivés dans des corbeilles à papier en plastique, tandis que les fruitiers s'épanouissent dans de vieux barils coupés en deux, sans fond et percés sur les côtés. Un grand bananier pousse dans un carré de 20 cm de profondeur, délimité par des briques et posé à même la dalle du toit.

Ce paradis de 280 m² regorge de citrons, de sapotilles, de noix de cajou, de mangues, de grenades, de cœurs de bœuf, de calebasses et de goyaves. C'est d'autant plus impressionnant que, huit ans plus tôt, cette terrasse ne servait qu'à recevoir les poubelles des cuisines. Maintenant, y cohabitent 120 variétés d'arbres, d'arbrisseaux, de plantes grimpantes et aromatiques (citronnelle, gingembre, menthe, basilic, dont beaucoup servent à préparer des infusions rafraîchissantes), entre lesquels virevoltent papillons et abeilles.

D'après Preeti, la réussite de son jardin réside dans le terreau qu'elle confectionne. Elle met à fermenter un mélange de bouses de vache, d'urine de vache, de sucre brun non raffiné (ou de fruits blets) et d'eau. Elle le dilue, puis ajoute à cette préparation des végétaux en décomposition et de la terre arable. Elle laisse le tout se décomposer jusqu'à obtenir un terreau léger, très riche en nutriments et qui retient très bien l'humidité. « Mes fruits et légumes sont en lieu sûr, explique Preeti. L'ensoleillement est optimal et aucun rat, ni chat ne vient troubler les lieux. J'essaierai bientôt de cultiver du riz et de la vigne ! »

D'autres plantes du soleil

Les kiwis

Voir p. 140.

Les piments

Pour préparer des plats mexicains authentiques, cultivez des piments Jalapeno ; pour les plats thaïs, essayez Thai Bird's Eye ; quant à Etna, c'est une valeur sûre de la cuisine italienne (voir p. 50 pour les conseils de culture). Pour que vos pieds durent plus d'un an, rentrez-les l'hiver.

La citronnelle

Ingrédient très courant de la cuisine asiatique, cette graminée tropicale (*Cymbopogon citratus*), au délicieux parfum citronné, a besoin de plein soleil et craint le gel ; aussi, rentrez-la de novembre à mai. Grâce à ces précautions, vous devriez la garder plusieurs années. Achetez des plants plutôt que des graines, au printemps. Quand la plante devient trop à l'étroit, divisez-la et replantez les mottes dans deux pots.

Sous nos climats, il peut être difficile d'obtenir de grosses feuilles, mais vous pouvez utiliser les plus petites. Pour une tisane vivifiante, infusez trois ou quatre feuilles de citronnelle ciselées dans de l'eau bouillante pendant cinq minutes. Vous pouvez aussi concocter un délicieux sirop (ci-contre).

Les pêches et les abricots

Voir p. 110.

Le basilic thaï

Cet ingrédient classique de la cuisine thaï a un parfum et un goût d'anis. Ses tiges pourpres et ses feuilles vertes en font une plante originale au jardin comme à la cuisine. Semez les graines comme vous le feriez pour le basilic (voir p. 45). Rentrez le basilic thaï avant les premières gelées.

Le chou chinois pak-choï

Incontournable des plats asiatiques, le chou pak-choï croquant est une plante à croissance rapide, qui se plaira en jardinière ou dans de plus grands pots.

Taisai est une bonne variété. En général, plus les tiges sont vertes, plus le goût est prononcé. Semez des graines à 2 cm de profondeur, de mai à juillet. Si vous voulez de jeunes feuilles pour vos salades, éclaircissez les plants à 8 cm. Pour des choux bien développés, à préparer à la vapeur ou sautés à la poêle, éclaircissez à 15 cm. Semez de nouveau en août pour profiter des récoltes jusqu'à l'hiver.

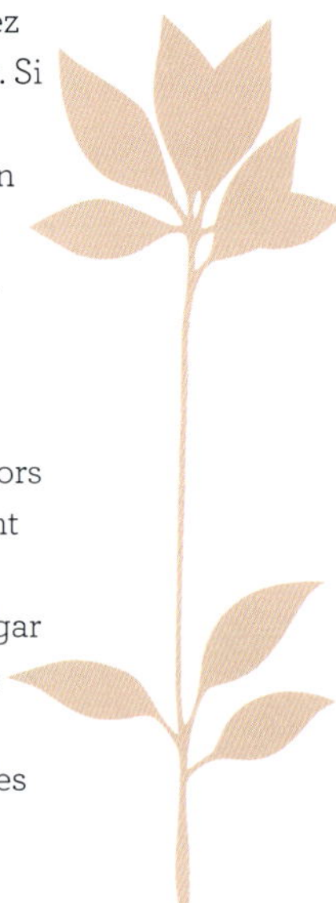

Les melons

Ces plantes coureuses, qui partent à l'aventure hors de leur pot (à moins de les palisser), vous offriront des délices bien sucrées. Choisissez les variétés selon le climat. Les cantaloups (Anasta F1 ou Edgar F1 par exemple) sont plus adaptés à la culture en pot sous les climats frais. Semez et cultivez les melons comme les courgettes (voir p. 49) dans des pots d'au moins 45 cm de profondeur et de diamètre. Placez le pot dans un endroit très ensoleillé et abrité. Récoltez les melons quand ils commencent à embaumer.

Facile à réaliser

Du sirop de citronnelle

À FAIRE TOUTE L'ANNÉE

Il vous faut :

- 30 cl d'eau
- 200 g de sucre semoule
- 3 tiges de citronnelle (6 si elles sont fines)
- 1 tranche de 2 cm de gingembre frais et râpé
- Le jus et le zeste râpé d'un citron

Comment faire ?

Mélangez l'eau, le sucre, la citronnelle, le gingembre, le jus et le zeste de citron dans une casserole. Faites chauffer à feu doux, en remuant, jusqu'à ce que le sucre fonde. Augmentez le feu et laissez frémir 3 à 4 minutes jusqu'à ce que la préparation épaississe. Laissez refroidir, puis filtrez. Diluez le sirop avec de l'eau gazeuse et servez avec un brin de menthe fraîche.

Le balcon plaisir

Le but d'un jardin suspendu n'est pas nécessairement de cultiver des carottes et des haricots. Certains d'entre nous souhaitent seulement siroter un mojito préparé avec la menthe du jardin, tout en se relaxant et en admirant la vue sur les toits après une dure journée de travail.

Voici donc quelques conseils pour apporter de l'originalité à vos salades avec de jolies fleurs comestibles ou pour préparer des cocktails et des boissons à partir de fruits frais et juteux.

Les 5 meilleurs fruits et fleurs pour un balcon plaisir

* Violettes et pensées sauvages
* Bourrache
* Fraises des bois
* Myrtilles
* Capucines

Source d'inspiration

DES COCKTAILS SUR LE TOIT

Six étages au-dessus d'une rue animée de Kensington, à l'ouest de Londres, se trouve un magnifique jardin d'agrément : un bosquet est traversé par un petit ruisseau, des oliviers ornent un jardin espagnol et des flamants roses se pavanent. Ce jardin sur toit, créé en 1938, est le plus grand d'Europe.

Dessiné par Ralph Hancock, qui venait d'achever le Rockefeller Centre à New York, ce jardin d'agrément était juché à l'origine sur le toit du grand magasin *Derry and Toms*. Puis, le bâtiment a accueilli un magasin qui vendait de tout, des vêtements comme des haricots à la tomate. À cette époque, des pingouins ont rejoint les flamants roses – jusqu'à ce qu'ils volent de la nourriture et soient déplacés.

Ce lieu magique, où de grands arbres poussent dans seulement 45 cm de terre, est ceint par des murs de 2,4 m qui procurent un véritable sentiment de protection et de calme. On entend à peine les voitures qui circulent 30 m plus bas. Seule la vue stupéfiante sur St Paul et le Royal Albert Hall nous rappelle que nous sommes en plein cœur de Londres.

Une discothèque, un restaurant et un bar sont désormais installés sur le toit. Leurs clients peuvent flâner entre les palmiers, les figuiers et les oliviers du jardin espagnol, ou sous les arches recouvertes de lichen artificiel du jardin de style Tudor.

Le jardinier en chef, David Lewis, a souhaité garder cet esprit avec les plantes potagères et les arbres fruitiers. Non seulement les grands figuiers, oliviers, pêchers et amandiers vous plongent dans une atmosphère méditerranéenne, mais le bosquet regorge d'ail des ours, de carottes, de mûres et de groseilliers à maquereau – un paradis pour la cueillette ! Ailleurs, les piments et les courgettes débordent de leurs pots et les potirons s'épanouissent à proximité de la terrasse du restaurant.

Depuis les somptueuses fleurs rouges d'hibiscus en sirop jusqu'aux splendeurs éphémères des hémérocalles, asters, violettes et lavandes, les fleurs comestibles décorent les salades du restaurant ou constituent le délicieux point d'orgue d'un cocktail. Des fleurs de courgettes sont transformées en beignets ; des framboises jaunes égaient les assiettes et les pétales de rose du jardin espagnol agrémentent les cocktails.

Facile à réaliser

UNE POTÉE POUR LES COCKTAILS

Deux cocktails en un pot, qui dit mieux ? Voici tout ce qu'il vous faut pour créer une potée colorée dans votre jardin et préparer un pimm's et un mojito, deux des boissons les plus rafraîchissantes de l'été. Les splendides fleurs azurées de la bourrache s'associeront parfaitement aux petites fraises des bois et à la luxuriante menthe verte. Les fraises des bois, beaucoup plus parfumées que les variétés classiques, apportent un arôme intéressant.

Si vous aspirez à un jardin plaisir, pourquoi ne pas mettre en pot quelques plantes délicieuses ?

À FAIRE EN MAI-JUIN

Il vous faut :

- Des tessons de terre cuite, des petits cailloux ou des morceaux de polystyrène
- 1 grand pot d'environ 40 cm de diamètre
- Du terreau universel
- 1 pot en plastique de 20 cm de diamètre, sans fond
- 1 plant de menthe (idéalement de menthe verte, mais les autres variétés conviennent également)
- 2 plants de fraisiers des bois (comme Mignonette ou Alexandria)
- 1 plant de bourrache

Comment faire ?

Déposez un lit de tessons de terre cuite, de petits cailloux ou de morceaux de polystyrène au fond du grand pot, puis remplissez-le aux deux tiers de terreau. Creusez un côté du pot et enfoncez-y le pot sans fond, de sorte que le haut soit juste au-dessus du sol.

Plantez-y la menthe et complétez en terreau. Ce pot permet de confiner les racines de la menthe, qui sinon accaparerait tout l'espace. Plantez ensuite la bourrache et, sur le bord, les fraisiers. Arrosez copieusement et placez le pot dans un endroit ensoleillé et abrité.

MOJITO

Pour 1 verre

- ✻ 14 feuilles de menthe fraîchement cueillies, plus 1 brin pour décorer
- ✻ 1,5 cuillerée à café de sucre semoule
- ✻ Le jus d'½ citron vert
- ✻ 4 gros glaçons
- ✻ 2 mesures de rhum
- ✻ 2 gouttes d'Angostura (facultatif)
- ✻ Eau gazeuse

Mélangez dans un verre la menthe, le sucre et le jus de citron avec une fourchette. Pilez la glace au pilon et au mortier et versez-la dans le verre. Ajoutez le rhum et l'Angostura, puis remplissez le verre avec de l'eau gazeuse. Décorez avec un brin de menthe.

PIMM'S

Pour 6 verres

- ✻ 1 bouteille de Pimm's n° 1
- ✻ 1 grande bouteille de limonade
- ✻ Beaucoup de glaçons
- ✻ 2 poignées de fraises des bois fraîchement cueillies
- ✻ 1 poignée de brins de menthe fraîchement cueillis
- ✻ 10 fleurs de bourrache

Mélangez le Pimm's et la limonade dans un grand pichet, en respectant les instructions de la bouteille de Pimm's. Remplissez le pichet aux deux tiers. Ajoutez ensuite les glaçons, les fraises et la menthe. Remuez, puis parsemez de fleurs de bourrache juste avant de servir.

Facile à réaliser

DES FLEURS COMESTIBLES POUR VOS SALADES

Les fleurs de cette potée colorée sont comestibles. Les capucines fleuriront de juin à octobre, donnant une profusion de jaunes, d'orange et de rouges vifs. Les violettes et les pensées sauvages ont des pétales pourpres, rouges et jaunes et fleurissent de mai à octobre, à condition de couper régulièrement les fleurs fanées. Semez les graines de capucines, de violettes et de pensées à l'intérieur en avril ; puis repiquez les plants à l'extérieur quand ils font environ 3 cm. Vous pouvez aussi acheter des plants en motte. S'il vous reste des plants après avoir installé cette potée, plantez-les dans des suspensions ou aux côtés de vos jeunes pousses.

Les hémérocalles ont de grandes fleurs satinées de toutes les teintes, si parfaites qu'elles pourraient paraître fausses. Ces fleurs, aussi appelées « lis d'un jour », ne durent qu'une journée, mais fleurissent tout au long de l'été. Vous aurez ainsi l'impression d'en avoir toujours de nouvelles : un vrai spectacle ! À l'automne, quand les feuilles jaunissent, rabattez-les ; les hémérocalles étant vivaces, elles réapparaîtront à chaque printemps. Vous devrez peut-être diviser les mottes au bout de quelques années, car si elles sont trop tassées, elles risquent de ne pas fleurir.

À FAIRE D'AVRIL À JUIN

Il vous faut :

- Des tessons de terre cuite ou des morceaux de polystyrène
- 1 grand pot d'environ 40 cm de diamètre
- Du terreau universel
- 1 plant d'hémérocalle, idéalement une variété naine, comme Stella de Oro
- 6 plants de pensées sauvages (*Viola tricolor*) ou de violettes odorantes (*Viola odorata*), achetés en godet ou obtenus à partir de graines
- 3 capucines (en plants, ou semées directement dans le pot à 3 cm de profondeur, d'avril à juillet. Une variété compacte, comme Impératrice des Indes, est idéale)

Comment faire ?

Déposez des tessons de terre cuite ou des morceaux de polystyrène au fond du pot, puis remplissez-le presque entièrement de terreau. Plantez l'hémérocalle au milieu, entourez-la de violettes (ou de pensées sauvages), puis installez les capucines sur le pourtour, afin qu'elles retombent à l'extérieur du pot. Arrosez copieusement.

Au bout d'un mois environ, vous pourrez cueillir les fleurs et les parsemer sur vos salades. Les fleurs de violette, de pensée et de capucine (dont vous aurez enlevé les étamines) ont un goût piquant et rafraîchissant. Vous pouvez aussi hacher les feuilles de capucine et les ajouter à une purée de pommes de terre, afin de lui donner du piquant. À la fin de la saison, vous pouvez manger les cosses des capucines, fraîches ou dans une saumure, comme les câpres. Le goût des hémérocalles rappelle celui de la laitue ; détachez leurs pétales et parsemez-en les salades.

D'autres idées pour les cocktails, les boissons et les salades

Framboises jaunes : plongez-les dans un verre de champagne pour une touche d'originalité. Cultivez ces framboisiers (Fallgold par exemple) dans un pot d'environ 45 cm de diamètre et entretenez-les comme les variétés classiques (voir p. 97).

Coqueret du Pérou (*Physalis edulis*) : les curieux fruits dorés de cette plante sont enveloppés dans une fine membrane et ont un goût acidulé et sucré. Un dessert ou une boisson décoré avec un coqueret sera du plus bel effet.

Myrtilles : faciles à cultiver en pot, les myrtilliers donnent de juin à septembre. Plongez des baies entières dans vos boissons ou ajoutez-les à vos smoothies. (Voir p. 51 pour les conseils de culture.)

Soucis (*Calendula officinalis*) : ils produisent des fleurs orange vif, qui sont très jolies parsemées sur une salade. Semez des graines à l'intérieur dès mars, ou directement en pot d'avril à juin. Vous pouvez aussi acheter des plants en godet.

Ciboulette : ses pompons mauves sont excellents en salade.

Camomille romaine (*Chamaemelum nobile*) : ses fleurs ressemblent à des pâquerettes et leur parfum rappelle l'ananas. En infusion, elles sont délicieuses et ont des vertus relaxantes. Semez les graines de cette fleur annuelle en avril-mai, directement en place dans un pot de taille moyenne. Ou bien achetez des plants en mai ou juin.

Haricots d'Espagne : leurs fleurs, de couleur vive et au goût délicat de haricot, sont exquises en salade. Si vous cultivez des pieds pour leurs cosses, vous pouvez cueillir quelques fleurs, sans que cela ne nuise à la plante.

Courgettes : farcissez les fleurs de fromage frais et de pignons, plongez-les dans une pâte à beignet et faites-les frire. Prenez les fleurs mâles, qui se trouvent au bout d'une tige étroite (sur les fleurs femelles, une courgette est déjà en formation).

Une forêt comestible sur le toit

Il n'est plus question ici de mettre quelques jardinières sur votre toit, mais de créer un jardin ambitieux : une forêt comestible. Vous aurez besoin de l'aide d'un paysagiste et d'un ingénieur structure, mais quel résultat !
Et quelle source d'inspiration, même pour le petit jardinier de balcon. Vous pouvez, en plein cœur de la ville, vous retrouver perdu dans une forêt enchantée, à flâner dans les allées et à cueillir quelques cerises. On ne croirait pas que des arbres de 3 m peuvent s'épanouir dans 30 cm de terre, mais si vous préparez bien le sol, vous pouvez créer une très belle forêt gourmande.

Source d'inspiration

UNE OASIS ENTRE CIEL ET TERRE

Le jardin du Reading International Solidarity Centre, dans le sud de l'Angleterre, est une merveilleuse source d'inspiration pour le maraîchage urbain. Cette oasis de toit invite à un tour du monde des plantes comestibles, toutes aussi belles qu'étranges : goyaviers du Chili, néfliers, mûriers du Japon, lentins de chêne, ocas du Pérou... On y trouve de beaux cerisiers, noisetiers, poiriers et pommiers, mais aussi d'autres arbres comestibles moins connus, intéressants pour leurs qualités culinaires ou leurs vertus médicinales. Des cosses en forme de saucisses pendent de l'arbre aux haricots bleus (*Decaisnea fargesii*), des grappes de petites boules roses et acidulées ornent l'arbousier ; quant au poivrier du Sichuan (*Zanthoxylum alatum planispinum*), il est parsemé de baies rouge vif, semblables à des grains de poivre et très épicées. Dans un autre coin du jardin, un amélanchier, tacheté de minuscules baies rouges sucrées, s'élance aux côtés de la luxuriante frondaison d'un néflier du Japon.

Les clôtures et les murs de ce jardin foisonnent de plantes grimpantes (vignes, kiwis, houblons) ainsi que de mûriers et de framboisiers. Les allées, paillées de copeaux de bois et de gravillons, s'apparentent aux sentiers d'une forêt. De chaque côté, poussent de l'ail des ours, du wasabi, des sceaux-de-Salomon, de l'oseille ainsi que des fraisiers des bois classiques et de Plymouth (*Muricata*), qui présentent d'étranges fruits épineux. À l'automne, les fruits charnus d'un néflier jonchent le sol. Partout où le regard se porte, une plante se révèle surprenante et extraordinaire – sinon à première vue, du moins au goût. C'est le cas de la stevia, cette plante qui peut remplacer le sucre, ou des goyaves du Chili dont le goût exquis rappelle celui des fraises des bois.

Des panneaux solaires et une éolienne alimentent une pompe pour le système de récupération d'eau de pluie ; les matériaux sont recyclés ; les déchets alimentaires du café situé dans le bâtiment sont mis au compost et la vie animale est favorisée grâce à des nichoirs et des rondins de bois. Une épaisse couche de paillage retient l'humidité dans le sol et dissuade les mauvaises herbes, à l'instar des fraisiers et aromates rampants.

Ce n'est pas seulement un jardin de toit, c'est une véritable forêt : un écosystème autonome qui reproduit les multiples couches de végétation de l'état sauvage – les arbres fruitiers et les noisetiers offrent une ombre légère aux arbustes à baies, sous lesquels poussent des herbes aromatiques ainsi que des fruits et légumes de petite taille. Contrairement aux potagers et vergers traditionnels, où chaque année de nouveaux plants remplacent les précédents, ces plantes sylvestres comestibles vivront plusieurs années, produisant des fruits, des feuilles et des fruits à coque. Il s'agit d'un mode d'agriculture plus naturel et exigeant moins d'entretien – de la permaculture entre ciel et terre.

Une idée à adopter : une mini-forêt comestible

Une telle forêt comestible demande étonnamment peu de soins, la majorité des plantes étant vivaces. Les arbustes à petits fruits, les plantes grimpantes et les fruitiers vivront des années, n'auront besoin que d'une légère taille et vous donneront de nombreux fruits en retour. Le thym, la menthe, les fraisiers et l'oseille ont aussi une grande longévité. Tous poussent facilement en pot et demandent moins d'efforts que les cultures annuelles : plus de semis et de plantations à chaque printemps !

Adoptez une démarche durable : récupérez l'eau de pluie dès que possible (dans des citernes ou même des seaux), fabriquez du compost à partir de vos déchets de cuisine, paillez les pots avec tout ce qui peut retenir l'humidité. Vous pouvez aussi associer les cultures de sorte qu'elles bénéficient les unes des autres, en plantant sous des grimpantes et des arbrisseaux des vivaces couvre-sol, qui protégeront la terre du soleil et retiendront l'humidité dans leurs racines (par exemple, installez des fraisiers des bois sous un kiwaï).

Facile à réaliser
UN SYSTÈME D'ARROSAGE SIMPLE

Un système d'arrosage automatique n'est pas indispensable. Vos pots ou votre carré potager bénéficieront tout autant d'un goutte-à-goutte. Pour cela, alimentez un tuyau poreux par un seau d'eau surélevé. Vous trouverez tous les matériaux nécessaires en jardinerie ou en magasin de bricolage.

Il vous faut :

- 1 perceuse
- 1 seau solide
- 1 robinet en plastique (comme celui d'un récupérateur d'eau de pluie)
- 4 ou 5 briques (ou un autre matériau qui puisse servir de socle)
- 1 tuyau poreux (ou 1 tuyau d'arrosage dans lequel vous aurez percé des trous)
- 1 bonde pour le bout du tuyau

Comment faire ?

Percez un trou sur le bas du seau et encastrez-y parfaitement le robinet. Posez le seau sur les briques. Fixez le tuyau au robinet et faites-le passer entre vos plantations. Bouchez l'autre extrémité du tuyau avec la bonde. Remplissez le seau d'eau. L'eau s'écoulera lentement par les trous, humidifiant la terre autour des racines des plantes, précisément là où elles en ont besoin. De ce fait, vos arrosages seront moins fréquents. Le seau permet aussi de collecter l'eau de pluie.

Des plantes pour les forêts comestibles, de la canopée jusqu'au sol

Arbres : pommier, poirier, prunier, cerisier, cognassier, olivier, pêcher, abricotier, figuier, arbousier (*Arbutus unedo*), néflier du Japon, noisetier, mûrier, amélanchier

Plantes grimpantes et arbustes à petits fruits : vigne, kiwaï, framboisier, mûrier du Japon, fleur de la passion comestible (*Passiflora edulis*), mûrier classique (de Logan, de Boysen...), tayberry

Arbrisseaux : myrtillier, goyavier du Chili, goji, groseillier à maquereau, canneberge, casseille

Plantes de taille moyenne : verveine citronnelle, romarin, sauge, lavande, valériane, menthe, oseille

Couvre-sols : fraisier des bois, oca du Pérou, oseille, ciboulette chinoise, ciboulette, ail des ours, mélisse, thym, origan, wasabi, fraisier de Plymouth

5 plantes insolites pour une forêt comestible

Les kiwis

Cette plante grimpante est impressionnante et donnera à votre jardin un air de jungle. Si vous vivez dans une région fraîche, choisissez un kiwaï (*Actinidia arguta*), comme Issai ; ses fruits délicieusement sucrés et non duveteux sont gros comme des grains de raisin et se mangent avec la peau. Le kiwaï peut résister à des hivers très rudes et, si vous le taillez correctement, il produira beaucoup de fruits. Pour les kiwis classiques, essayez *Actinidia deliciosa*, en particulier la variété autofertile Jenny.

Plantez les actinidias dans un pot d'au moins 30 cm de diamètre, rempli de terreau universel ou de terreau à base de terre. Placez-les dans un lieu ensoleillé et abrité, en protégeant les jeunes pousses des gelées au début du printemps.

Si vous ne taillez pas le kiwi, il sera envahissant et produira peu de fruits, donc il vaut mieux le contenir. Fixez des câbles parallèles sur un mur, tous les 45 cm, ou installez la plante contre un treillis. Enfoncez un long bambou dans le pot et attachez-le aux supports muraux. Quand le kiwi atteint le premier câble, taillez pour ne garder que trois pousses, en attachant la plus haute sur le bambou et les autres sur le câble horizontal de chaque côté de la tige principale. On appelle ces pousses des « branches latérales ».

Lorsque la plante atteint le deuxième câble (ou pousse encore de 45 cm, si vous utilisez un treillis), attachez deux autres pousses au câble, en supprimant toutes les autres, pour obtenir deux nouvelles branches latérales. Taillez les branches latérales quand elles font environ 90 cm pour que de nouvelles pousses se forment. Au fur et à mesure que le kiwi grandit, pincez ces pousses pour ne garder que cinq feuilles (c'est sur ces pousses que se développeront les fruits). Pendant l'hiver, taillez les rameaux à deux yeux après l'emplacement du dernier fruit.

Si vous voulez un kiwi plus « désordonné » et ne souhaitez pas de grosses récoltes, coupez les tiges fleuries au printemps pour favoriser le développement de nouvelles tiges.

Les mûres du Japon

Même en hiver, cette plante de la famille des framboisiers (*Rubus phoenicolasius*) est étonnante, avec ses tiges roses brillantes et ses épines velues orangées. Dans la lumière du soleil d'hiver, celles-ci sont spectaculaires. Ses petites baies rouge orangé sont succulentes et plus sucrées que les framboises.

Cultivez cette plante comme un framboisier ; plantez-la dans un grand pot d'au moins 45 cm de diamètre, rabattez les pieds au niveau du sol à la fin de l'été et attachez les nouveaux pieds à des câbles fixés au mur. Si vous palissez les tiges en forme d'éventail, cette plante sera jolie toute l'année. Vous pouvez aussi la cultiver dans un pot sur pied : les tiges retomberont joliment autour du pot.

Les baies de goji

Les baies de goji, réputées pour leurs vertus médicinales, contiennent 500 fois plus de vitamine C que les oranges. Le lyciet commun (*Lycium barbarum*) est un arbuste buissonnant avec des baies rouges, qui ressemblent aux cynorhodons. Originaires de l'Himalaya, les baies de goji sont connues là-bas sous le nom de « baies du bonheur » en raison du sentiment de bien-être qu'elles procureraient.

Plantez le lyciet en plein soleil dans un grand pot d'au moins 30 cm de diamètre. Cet arbuste grandit vite, atteignant jusqu'à 1,2 m en pot, et peut produire 1 kg de fruits dès la deuxième année. Résistant au vent et à la sécheresse, il est facile d'entretien et parfait pour un toit. Mangez les baies fraîches et appréciez leur parfum de réglisse. Vous pouvez aussi les faire sécher et les ajouter par exemple à vos céréales pour un petit déjeuner très énergétique.

Les ocas du Pérou

Ces tubercules peu communs (*Oxalis tuberosa*) d'Amérique du Sud ressemblent un peu à des pommes de terre ou à des crosnes. Vous pouvez les faire cuire à l'eau bouillante ou au four, mais ils sont meilleurs crus, quand leur chair est croquante et acidulée. Plantez les tubercules en avril-mai quand il n'y a plus de risque de gelée, en les espaçant d'environ 20 cm. Les feuilles de l'oca s'étaleront partout ; vous pouvez les palisser sur un support vertical.

Les tubercules ne se récoltent pas avant la fin de l'automne, voire le début de l'hiver, après les premières gelées. Même si les feuilles sont grillées et mortes, les tubercules continueront de grandir. Laissez-en quelques-uns dans le pot lors de la récolte afin d'avoir de nouveaux pieds l'année suivante.

Les goyaves du Chili

Voir p. 59.

Un kiwi en pleine floraison (à gauche) et les tiges rose vif d'un mûrier du Japon (ci-dessus)

Le balcon futuriste

Imaginez que vous cueilliez vos propres haricots, fraises et tomates sur le mur extérieur de votre cuisine. Un jardin vertical s'adapterait au balcon le plus minuscule et produirait des fruits et légumes frais toute l'année – et ce sans aucun effort de votre part. Il vous suffirait de placer les plantes dans le mur modulable, de mettre en marche le système automatique d'arrosage et de fertilisation et de regarder vos plantes pousser. Pas de terre, pas d'arrosage, mais une récolte de qualité tous les jours de l'année. Maintenant, imaginez des immeubles complètement recouverts de panneaux muraux élégants, qui fourniraient des villes comme Dubaï ou New York en produits frais. Le paysage urbain ne serait plus gris et stérile, mais composé de tours foisonnantes aux allures de jardins de Babylone des temps modernes. Cela n'est peut-être pas encore une réalité, mais une chose est sûre : l'agriculture va faire sa révolution.

Le jardin vertical

Les scientifiques affirment que si le climat change et que la croissance démographique se poursuit au rythme actuel, l'agriculture telle que nous la connaissons n'existera plus d'ici 50 ans. 50 % du monde est désormais urbanisé ; en 2050, ce chiffre s'élèvera à 80 %. Au fur et à mesure que la population mondiale augmente, les terres agricoles disponibles diminuent. En 1970, il y avait environ 4 000 m^2 de terres agricoles disponibles par personne dans le monde ; en 2000, il n'y en avait plus que 2 000 m^2. D'après les Nations unies, ce chiffre tombera en 2050 à 1 300 m^2 par personne. Comment pourrons-nous alors nourrir toute la population ?

Pour certains, la réponse serait à chercher du côté des exploitations agricoles verticales : de grandes tours d'acier au cœur des villes sur lesquelles des fruits et légumes seraient cultivés de manière hydroponique (à l'aide de nutriments chimiques, et non dans le sol).

Au lieu de transporter des cultures depuis les champs jusqu'aux villes, ce qui épuise le carburant et d'autres ressources précieuses, pourquoi ne pas les cultiver directement dans les métropoles ? Selon Dickson Despommier, auteur de *The Vertical Farm* et professeur à l'université de Columbia, un bâtiment de 30 étages occupant environ 2 hectares au sol pourrait nourrir 50 000 personnes par an. C'est le monde de l'« agritecture » : des bâtiments conçus pour produire des fruits et légumes à grande échelle. Les projets de ces tours sont séduisants : avec leurs murs transparents destinés à faire pénétrer la lumière du soleil, elles ressemblent à des jardins de Babylone futuristes. Mais pour le moment, les coûts de ces bâtiments sont rédhibitoires.

Les projets d'agriculture urbaine de Natalie Jeremijenko, ingénieur en aérospatiale et professeur à l'université de New York, sont peut-être plus réalistes : ses serres en forme d'insecte sont conçues pour se jucher sur n'importe quel toit inoccupé et accueillir des plantes dans des bacs hydroponiques. Leurs piliers, tels des pattes d'insecte, répartissent le poids sur les murs porteurs et leur design moderne permet de maximiser l'ensoleillement et de minimiser la prise au vent.

La fin des cultures en pleine

La culture hydroponique consiste à faire pousser des plantes hors sol. Elles sont enracinées dans une substance inerte et légère, comme de la laine de roche, puis fertilisées et arrosées avec une solution nutritive.
La productivité est considérablement accrue (de 2 à 10 fois supérieure) et les déchets peuvent être recyclés. Les besoins en eau sont réduits d'au moins 20 % par rapport aux méthodes traditionnelles. La culture hydroponique permet également d'éviter les ravageurs et les maladies liés à la culture en sol.

L'hydroponie métamorphose déjà les toits des villes. Depuis 2010, l'entreprise Gotham Greens cultive des salades et des plantes aromatiques dans des serres hydroponiques installées sur des toits de New York, tout en utilisant des énergies renouvelables et en récupérant l'eau de pluie. Elle vend sa production à une chaîne d'alimentation biologique qui possède des magasins dans toute la ville. L'établissement New York Sun Works estime que les exploitations hydroponiques réparties sur les 57 km^2 de toit non ombragés de New York pourraient nourrir 20 millions de personnes par an.

Mais en quoi ces projets futuristes concernent-ils le petit jardinier de balcon ou de toit ? Il se pourrait que, dans un avenir assez proche, les façades des immeubles soient tapissées de plantes qui alimenteraient leurs habitants. À plus petite échelle, chaque appartement pourrait disposer de son propre mur potager sur le balcon ou même à l'intérieur.

Le restaurant *Waterhouse*, à Shoreditch (un quartier de Londres), offre un aperçu de ce à quoi pourrait ressembler le futur : un mur de 2 × 4 m foisonne de salades et de plantes aromatiques (voir p. 143). En plus d'être un décor très moderne, ses produits se retrouvent dans les assiettes des clients. Sur ce mur poussent des laitues, des épinards, de la roquette et du persil qui recouvriront bientôt la structure pour former un merveilleux camaïeu de violets et de verts. Les murs potagers sont constitués de modules de laine de roche, dans laquelle les plants en

terre ?

motte racinent. Ceux-ci sont fertilisés et arrosés de manière hydroponique.

Si un tel système était adapté aux toits et balcons individuels, son potentiel serait considérable. Les fabricants de murs végétaux travaillent désormais sur un modèle rentable à petite échelle. D'après Mark Laurence, le concepteur de ces murs, cette technologie, plus performante en termes d'énergie que l'agriculture traditionnelle, serait particulièrement efficace dans les pays en voie de développement.

Mark cherche actuellement à adapter le « Biowall » à la culture de légumes et de fruits comme les courgettes, les haricots et les tomates. Il travaille notamment sur ses qualités écologiques, en facilitant le recyclage du substrat. Il imagine un avenir assez proche où les citadins auraient un mur potager sur leur balcon. Ils recevraient de jeunes plants par la poste, les planteraient et n'auraient ensuite qu'à remplir le réservoir d'eau de temps à autre, afin que les racines des plantes soient alimentées en eau et en nutriments. Une fois les légumes récoltés, les blocs de laine de roche pourraient être jetés en déchetterie et seraient remplacés par des blocs plus frais. C'est une solution simple, qui ne requiert pas d'électricité, ne nécessite pas de gros sacs de terreau et libère le jardinier de la corvée quotidienne d'arrosage.

À ceux qui affirment que l'hydroponie n'est pas écologique à cause de l'utilisation d'engrais non naturels, Mark répond : « Rien n'empêche d'utiliser du thé de lombricompost, de la consoude ou un engrais d'algues. »

Le Urb Garden, conçu par Xavier Callaud, suit justement ce principe. Il s'agit d'un mur potager de la taille d'un placard – la taille idéale pour un petit balcon familial –, où fraisiers, tomates, salades et plantes aromatiques poussent dans un terreau traditionnel et non dans une substance hydroponique. Ils sont en outre fertilisés par un lombricomposteur situé sur le côté. Une pompe à pied permet de faire monter le thé et l'eau en haut du mur, d'où ils s'écouleront par la suite. Après chaque culture, le terreau peut être remplacé par le lombricompost très fertile. Ce système est extrêmement écologique.

L'idée de Xavier est pour l'instant un prototype, mais ce n'est qu'une question de temps avant que ce produit et bien d'autres du même genre révolutionnent les potagers des villes. Les prochaines décennies seront décisives pour le maraîchage urbain. Sans aucun doute, les villes devront s'adapter pour produire des fruits et légumes et nourrir la population mondiale en constante augmentation. Cette évolution se fera-t-elle dans des serres en forme d'insecte sur les toits, sur les façades de gigantesques gratte-ciel ou sur des murs potagers individuels ? Seul l'avenir nous le dira. Mais une chose est sûre : d'ici 50 ans, le paysage urbain sera différent et, qui sait, peut-être sera-t-il un peu plus vert !

Les cultures hydroponiques sont-elles l'avenir de l'agriculture urbaine ?

Maladies et nuisibles

Aleurodes

Si de minuscules insectes blancs s'envolent quand vous effleurez une feuille, vous êtes sûrement infesté d'aleurodes. Vaporisez sur la plante infectée une solution insecticide à base de savon noir (c'est un répulsif naturel que vous trouverez en jardinerie), ou quelques gouttes de liquide vaisselle dilué dans de l'eau.

Altises

La présence d'altises est probable si vous remarquez de petits trous dans la roquette et les choux et que de petits coléoptères noirs s'envolent lorsque vous effleurez les feuilles. Si elles sont en petit nombre, cela n'est pas trop grave. Mais si c'est un réel problème, évitez de cultiver la roquette entre mai et juillet, quand les altises sont les plus prolifiques.

Araignées rouges

Ces ravageurs sont généralement présents dans les serres, mais ils peuvent poser problème lors des étés chauds et secs sur les agrumes, les concombres et les poivrons. Ces acariens microscopiques colonisent les feuilles, sucent la sève et affaiblissent la plante. Les symptômes sont des points jaune clair sur le dessous des feuilles et la présence de toiles sur la plante. Vaporisez les feuilles pour accroître l'humidité. Pour les plantes cultivées à l'intérieur, l'introduction de *Phytoseiulus persimilis*, un prédateur des araignées rouges, a fait ses preuves (vous pouvez les commander en jardinerie ou sur Internet).

Botrytis (ou pourriture grise)

Cette maladie fait apparaître une pourriture grise sur les feuilles ou les fruits. Enlevez toute feuille ou fruit malade. Lorsque vous plantez des laitues, veillez à ne pas enterrer les feuilles du bas.

Carpocapses

Les larves de ce ravageur creusent une galerie dans les pommes ou les poires, ce qui les gâte et favorise le développement d'autres pourritures. Pour éviter cela, installez des pièges à carpocapses fin avril.

Chancre bactérien

Cette maladie qui affecte les arbres fruitiers à noyaux se manifeste par un écoulement d'une gomme marron clair (gommose). Coupez les branches affectées au moins 20 cm en amont du chancre. Jetez-les plutôt que de les composter. Pour prévenir cette maladie, taillez les fruitiers à noyaux uniquement pendant l'été.

Un filet peut protéger les choux des pigeons et des papillons, dont les chenilles dévorent les feuilles

Chats

Les chats peuvent être un réel problème s'ils viennent gratter la terre ou font leurs besoins dans les pots. Vous pouvez les dissuader en disposant des branchages (épineux ou non) sur le sol ou en en plantant dans la terre.

Chenilles

De grands trous dans les feuilles, sans traces de limace ou d'escargot, signalent en général la présence de chenilles. Cherchez sous les feuilles les coupables et leurs œufs et écrasez-les.

Cloque du pêcher

Cette maladie cryptogamique (due à un champignon) touche les pêchers, les nectariniers et les abricotiers. Les feuilles rougissent et se boursouflent, avant de tomber. Les spores étant dispersés par la pluie, prévenez cette maladie en recouvrant les arbres palissés d'une feuille de plastique de l'automne à fin avril (laissez l'air circuler par les côtés). Faites de même avec les arbres en pot, ou rentrez-les l'hiver et ressortez-les au milieu du printemps. Il peut être intéressant de choisir des variétés résistantes à cette maladie.

Cochenille à bouclier

C'est un ravageur des agrumes et des lauriers. Ces insectes en forme d'écu se regroupent à l'aisselle des feuilles et sous les feuilles, sucent la sève et affaiblissent la plante. Enlevez-les à la main ou avec une vieille brosse à dents et de l'eau savonneuse.

Cochenille floconneuse

La vigne, les groseilliers et les cassissiers sont les cibles privilégiées de ces cochenilles brunes et plates, qui pondent leurs œufs dans des fils laineux sur l'écorce. Enlevez-les avec une vieille brosse à dents et de l'eau savonneuse.

Escargots

Voir « Limaces et escargots ».

Gale commune

Des croûtes pelliculeuses se forment sur la peau des pommes de terre. Elles sont superficielles et n'affectent pas leur goût. Enlevez simplement ces marques lors de l'épluchage.

Hoplocampes du pommier

Les hoplocampes pondent leurs œufs dans les fleurs de pommier. Quand ils éclosent, les larves forment comme des cicatrices sur les fruits, qui ne parviennent pas à se développer et tombent au début de l'été. Jetez tous les fruits abîmés, qu'ils soient sur l'arbre ou sur le sol (ne les mettez pas au compost).

Limaces et escargots

Les limaces et les escargots peuvent arriver sur votre balcon par les pots ou le terreau. Éliminez-les et examinez régulièrement le dessous de vos pots. Les granulés anti-limaces naturels à base de phosphate de fer sont très efficaces (et sans danger pour les autres animaux et les enfants).

Maladie du « cul noir »

Une nécrose sombre à la base des tomates est symptomatique. Cela est dû à un arrosage irrégulier. Ôtez les fruits affectés. Pour éviter ce problème, arrosez peu et régulièrement, plutôt que beaucoup et occasionnellement.

Mildiou

Cette maladie cryptogamique, qui se transmet par l'air, touche les tomates et les pommes de terre lorsque l'été est frais et humide. Comme les pommes de terre cultivées en pot sont généralement des variétés précoces ou semi-précoces, vous les récolterez sans doute avant le développement de la maladie. Cependant, si vous découvrez des taches brunes sur le dessus des feuilles et des anneaux blancs sur le dessous, arrachez vos pommes de terre. Les tiges des tomates peuvent aussi présenter des taches brunes et leurs fruits peuvent noircir et pourrir du jour au lendemain. Ôtez aussitôt les feuilles et les fruits malades, afin de circonscrire la maladie. Ne les jetez pas au compost, car les spores peuvent affecter vos futures plantations : mettez-les plutôt à la poubelle.

Mineuses

Les feuilles des blettes, des épinards et des betteraves peuvent être attaquées par de minuscules larves qui creusent des galeries dans les feuilles, faisant apparaître des taches brunes. Enlevez les feuilles affectées ou écrasez les larves à l'intérieur de la feuille.

Moniliose

Si de nouvelles pousses sur votre arbre fruitier se dessèchent tout à coup, en particulier quelques semaines après la floraison, votre arbre est sûrement atteint par cette maladie cryptogamique. Elle touche en particulier les pommiers, les poiriers et les fruitiers à noyaux. Pour lutter contre cette maladie, retirez tout fruit momifié (jetez-le à la poubelle et non au compost) et taillez le bois mort pendant l'hiver.

Mouches de la carotte

Ces ravageurs ne sont en général pas un problème pour le jardinier de balcon ou de toit, car ils ne volent pas au-dessus de 60 cm.

Mouches des terreaux

Ces mouches noires, d'environ 4 mm, que l'on rencontre sur les pots de terreau humide, peuvent attaquer les jeunes plants, en particulier ceux semés à l'intérieur au printemps. Leurs larves se nourrissent des racines, tuant alors la plante. Elles se développent dans des conditions humides ; de ce fait, arrosez au minimum et, dans la mesure du possible, par les soucoupes. Vous pouvez également vous prémunir contre ces mouches en disposant une couche de gravillons ou de sable sur le terreau.

Oïdium

Les pois, les pommiers, la vigne et les cucurbitacées sont prédisposés à cette maladie cryptogamique. Les feuilles sont comme saupoudrées de talc. Améliorez la circulation de l'air autour des plantes en enlevant des feuilles ou même des plantes entières. Amendez régulièrement et ne laissez pas le terreau se dessécher.

Oiseaux

Les fruits tels que les prunes, les cerises et les pêches attirent beaucoup d'oiseaux ; quant aux choux, ils peuvent être la cible des pigeons. Si cela est vraiment un problème, installez un filet autour des arbres ou des plantes durant les périodes critiques. Vous pouvez aussi suspendre des CD pour effrayer les oiseaux.

Otiorhynques de la vigne

Ces charançons gris noir se nourrissent du bord des feuilles, mais ce sont les larves qui sont une véritable menace pour le jardinier de balcon, car elles mangent les racines des plantes et provoquent leur dépérissement. Écrasez les otiorhynques adultes. Si vous découvrez de petites larves blanches recourbées dans la terre et que la plante n'est pas trop affectée, retirez le terreau autour des racines, lavez-les bien, puis replantez-la dans du nouveau terreau. Jetez le terreau infesté, car il sera plein d'œufs qu'il ne faudrait pas disséminer.

Plomb parasitaire

Cette maladie cryptogamique, qui affecte les pommiers et les fruitiers à noyaux, donne aux feuilles une teinte argentée et ralentit la croissance de l'arbre. Pour la prévenir, taillez les fruitiers à noyaux uniquement pendant l'été. Si l'arbre est légèrement affecté, vous pouvez le sauver grâce à de nombreux apports d'engrais ; s'il est sévèrement atteint, arrachez-le.

Pucerons lanigères

Les pommiers peuvent être attaqués par ces ravageurs, qui sécrètent un duvet laineux blanc sur les tiges au printemps et à l'été. Chassez-les avec une brosse et de l'eau savonneuse.

Pucerons noirs

Les pucerons noirs peuvent être un problème sur les haricots : ils se regroupent sur les extrémités et sucent la sève. Chassez-les au jet d'eau, enlevez-les à la main, ou vaporisez-les avec une solution à base de savon noir ou de liquide vaisselle dilué dans de l'eau.

Pucerons verts

Ces pucerons sucent la sève des jeunes pousses de nombreuses plantes et leurs excrétions sont propices aux maladies cryptogamiques. Vaporisez avec une solution insecticide à base de savon noir, ou un peu de liquide vaisselle dilué dans de l'eau.

Tavelure du pommier et du poirier

La pluie et le vent dispersent les spores du champignon responsable de cette maladie. Les symptômes sont des taches vert sombre sur les feuilles des pommiers et des poiriers ainsi que des tavelures sur les fruits. Enlevez et jetez les feuilles abîmées pour entraver la dispersion des spores.

Tomates éclatées

Des arrosages irréguliers font éclater les tomates. Aussi, préférez un arrosage parcimonieux et régulier à un arrosage copieux et occasionnel.

Vers des framboises

Ce sont des larves de coléoptères qui se développent dans les framboises et les mûres. Celles-ci durcissent et deviennent immangeables. Pour éliminer les vers qui se trouvent dans les fruits, faites-les tremper dans de l'eau salée puis rincez-les bien avant de les manger.

Table des matières

Facile à réaliser

Index

R

S

T

V

Remerciements

Je n'aurais pu écrire ce livre sans les personnes suivantes que je remercie vivement :

Heather, Elly, Judith et Vicki de Kyle Cathie ; Sarah pour ses magnifiques photos et son aide considérable, ainsi que le styliste Ali.

⁜ Annie Novak, de Eagle Street Rooftop Farm (http://rooftopfarms.org), pour avoir répondu à mes questions sur le maraîchage urbain et pour mener un projet si stimulant

⁜ Chris Reilly, de The Shoreditch Trust : merci pour vos actions si audacieuses

⁜ Dr Luke Dixon, de The London Beekeepers' Association (www.urbanbeekeeping.co.uk), pour avoir eu la patience de répondre à mes questions sur les abeilles et Nikki Vane pour nous avoir laissés photographier son extraordinaire jardin de toit à Londres et ses ruches (www.lbka.org)

⁜ La paysagiste Charlotte Wess pour m'avoir donné l'idée des pots en pneus de vélo, mais aussi pour m'avoir prêté ses magnifiques pots

⁜ Le jardinier de l'issue de secours à Manhattan, Mike Lieberman, pour m'avoir prouvé qu'un minuscule espace peut être beau et que des bouteilles de lait peintes peuvent être très jolies (http://urbanorganicgardener.com)

⁜ Mark Ridsdill-Smith, de Vertical Veg (www.verticalveg.org.uk), pour son balcon recyclé inspirant, pour ses conseils sur la fabrication des pots à réserve d'eau et pour m'avoir conseillé de manger des pousses de tournesol

⁜ Garth Hewitt pour nous avoir permis d'envahir son balcon une matinée

⁜ Liz Fay pour nous avoir autorisés à photographier son issue de secours

⁜ Marie Viljoen pour nous avoir permis d'utiliser la magnifique photo de son balcon de Manhattan

⁜ David Lewis, le jardinier en chef de Kensington Roof Gardens, pour qui les jardins de toit ne sont que pur plaisir

⁜ Helen Cameron, du restaurant *Uncommon Ground* à Chicago, pour avoir répondu à mes questions et m'avoir expliqué comment utiliser les Earthbox (http://eatthisgrowthat.blogspot.com)

⁜ Dave Richards, du Reading International Solidarity Centre (http://risc.org.uk/gardens), pour nous avoir fait visiter son étonnant jardin de toit et m'avoir fait connaître le goyavier du Chili

⁜ Mark Laurence, de Biotecture, pour avoir répondu à mes questions sur l'avenir de l'agriculture urbaine et les murs potagers

⁜ Ben Mason pour nous avoir montré sa magnifique terrasse de toit très ensoleillée

⁜ Anthony Roberts et Michael Waring pour nous avoir laissés photographier leur magnifique balcon, et pour leur aide

⁜ Jo Behari pour ses bons conseils sur le revêtement de sol et les restrictions de poids

⁜ Wolff Olins, de Stuart Robinson, pour nous avoir autorisés à photographier ce jardin de toit venteux mais magnifique

⁜ Preeti Patil, de The Mumbai Port Trust, pour avoir partagé avec moi son savoir-faire sur la fabrication de terreau et la culture de fruits exotiques (www.urbanleavesofindia.blogspot.com)

⁜ Paul Richens, de Global Generation, pour m'avoir montré certains de ses fabuleux potagers de toit et avoir répondu à mes nombreuses questions sur les lombricomposteurs

Crédits photographiques :

⁜ p. 5 Clive Nichols ⁜ p. 6-7 Marie Viljoen ⁜ p. 18 Derek St Romaine Garden Photo Library ⁜ p. 37 Peter Cassidy ⁜ p. 40 garden picture library/Andrea Jones ⁜ p. 45 Peter Cassidy ⁜ p. 48 Peter Cassidy ⁜ p. 51 GAP/FhF Greenmedia ⁜ p. 55 Derek St Romaine Garden Photo Library ⁜ p. 79 Clive Nichols ⁜ p. 80 Patrick Kovarik/AFP/Getty Images ⁜ p. 81 photolibrary/John Carey ⁜ p. 83 Adam Golfer ⁜ p. 87 Peter Cassidy ⁜ p. 96 Clive Nichols ⁜ p. 105 Clive Nichols/Designer : Charlotte Rowe, Londres ⁜ p. 112 GAP/Paul Debois ⁜ p. 113 GAP/Friedrich Strauss ⁜ p. 117 AFP/Getty Images ⁜ p. 117 Peter Cassidy ⁜ p. 117 Cristian Barnett ⁜ p. 125 GAP/Lee Avison ⁜ p. 126 Peter Cassidy ⁜ p. 143 GAP/Anne Green-Armytage ⁜ p. 144 David McLain/Aurora Photos/Corbis ⁜ p. 149 GAP/FhF Greenmedia ⁜ p. 150 GAP/Lee Avison ⁜ p. 152 photolibrary/Photos Lamontagne ⁜ p. 153 photolibrary/Mark Bolton

À
Theo et
Arthur